Die besten
Pixi Gutenacht-
Geschichten

Die besten Pixi Gutenacht-Geschichten

77 kleine Vorlesegeschichten

Sonderausgabe
© 2016 by Carlsen Verlag GmbH, 22703 Hamburg
Alle deutschen Rechte vorbehalten.

„Der Bücherfresser" aus Cornelia Funke,
Leselöwen-Dachbodengeschichten
© 1998 Loewe Verlag GmbH, Bindlach
„Die Maus und der Elefant" Text by Boje Verlag
in der Bastei Lübbe GmbH & Co.KG
© 2008 Bastei Lübbe GmbH & Co.KG, Köln
© „Läusealarm" Text und Bild by arsEdition GmbH, München

Leider ist es uns nicht gelungen, alle Rechteinhaber
ausfindig zu machen. Berechtigte Ansprüche werden
wir gern erfüllen.

Herausgegeben von Bettina Herre
Lektorat: Julia Rosenkranz
Coverillustration: Dorothea Tust
Herstellung und Gestaltung: Derya Yildirim
Lithografie: Buss & Gatermann, Hamburg
Druck und Bindung: Livonia Print, SIA
ISBN 9-783-551-51893-4
Printed in Latvia

www.carlsen.de

Inhalt

Wo Fuchs und Hase sich gute Nacht sagen	**9**
Mein Mond	**11**
Superpapa	**12**
Stella tanzt auf dem Seil	**14**
Das kleine Schaf will was erleben	**16**
Hexenfrühling	**18**
Rettet Tom, den Wal!	**20**
Milli schläft bei Ottokar	**22**
Leonie und Kasimir	**24**
Käpt'n Kurzbein, Kanonen-Charly und Suppen-Piet fahren nach Sansibar	**26**
Pixi und der Frühling	**28**
Eine Übernachtung im Kindergarten	**30**
Ingo und der alte Wal	**32**
Die Pferde-Prinzessin	**34**
Hugo und die Hummelkiste	**36**
Sechs Mäuse im Klavier	**38**
Ritter Bodobert ruft das Abenteuer	**40**

Anna und der Babysitter	42
Zwei kleine Bären helfen dem Hasen	44
Opas Schlafrezept	46
Die schöne Prinzessin	47
Der kleine Schmetterling	48
Die Maus und der Elefant	50
Kann Vincent zaubern?	52
Peppo und Peppino	54
Hansi Hase ist kein Angsthase	56
Mein großer Freund Walter	57
Der Bolzplatz	58
Aufregung im Zwergenwald	60
Die Prinzessin sucht ihren Teddy	62
Unser erster Schultag	64
Eulilia feiert Geburtstag	66
Quek, das Froschgespenst	68
Der kleine Zauberer	70
Das kleine, dicke Pony	72
Pixis Waldschule	74
Mathilde findet einen Stein	76

Läusealarm!	77
Wanda, das Tanzschwein	78
Max wünscht sich ein Kaninchen	80
Die Apfelkuchenträumerei	82
Kapitän Sternhagels Geburtstagstorte	84
Kleine Elfe Miranda	86
Hansi Hase und sein Schmetterling	88
Der Pfau und die Ferkel	89
Klöppel auf dem Leuchtturm	90
Temeo und sein Freund, der Zauberer	92
Karo übernachtet bei Oma und Opa	94
Greta und Honey	96
Der süßeste Hund von allen	98
Conni am Strand	100
Ein Löwe feiert Geburtstag	102
Das Indianer-Wochenende	104
Kleiner Frosch ganz groß	106
Vincent auf hoher See	108
Pixi trifft eine Elfe	110
Schäfchen Klecks und die Sterne	112

Kapitän Sternhagel und die Seehundschule	**114**
Zwei kleine Bären und der Drache	**116**
Das Rennen von Monte Karacho	**118**
Der erste Ausflug	**120**
Bezaubernder Kasimir	**122**
Ein Fohlen auf dem Ponyhof	**124**
Ritta Britta	**126**
Schnell wie der Wind	**128**
Die Feldmaus und die Fledermaus	**130**
Karo und der Piratenschatz	**132**
Hortensia, die kleine Fee	**134**
Der vergessliche Ritter	**136**
Töff-Töff, der blaue Trecker	**138**
Prinzessin Rosa	**140**
Der Bücherfresser	**142**
Eine Schweineliebe	**144**
Ich bin noch nicht müde!	**146**
Wenn ein Monster keinen Teddy hat	**148**
Mein Hausgespenst	**150**
Schlaf schön, kleines Schaf	**152**

Wo Fuchs und Hase sich gute Nacht sagen

Eine Geschichte von Katrin M. Schwarz
Mit Bildern von Sibylle Hein

Am Abend erzählt Opa Hase den Hasenkindern eine Geschichte. Sie spielt in einem Land, in dem sich Fuchs und Hase gute Nacht sagen. „Wo ist dieses Land, in dem wir vor dem Fuchs keine Angst haben müssen, Opa?", fragt Häschen Langohr neugierig. Aber Opa Hase lächelt nur geheimnisvoll. Bevor Langohr einschläft, denkt er: Morgen werde ich das Land suchen.

„Komm und spiel mit uns", rufen die Hasenkinder am nächsten Morgen. Aber Langohr will nicht. „Ich suche lieber das Land, in dem sich Fuchs und Hase gute Nacht sagen", sagt er. „Das gibt es doch nur in unseren Geschichten", lachen die anderen Hasen ihn aus, doch da ist Langohr schon losgehoppelt. Auf einer hellen Lichtung knabbert ein Reh das saftige Gras. Schön ist es hier, denkt Langohr und fragt: „Sagen sich hier Fuchs und Hase gute Nacht?" Aber das Reh lacht nur: „So einen Ort gibt es doch gar nicht. Pass lieber auf, dass der Fuchs dich nicht frisst."

Beim Weiterhoppeln stolpert Langohr über einen Maulwurfshügel. Kopfüber kriecht er hinein und erreicht eine kleine Höhle. „Warum weckst du mich, Langohr?", fragt der Maulwurf schläfrig. „Weil ich wissen will, ob sich Fuchs und Hase hier unter der Erde gute Nacht sagen." – „So ein Quatsch", brummt der Maulwurf ungehalten, „so etwas

gibt es nirgendwo." Als Langohr seine Nase aus der Erde streckt, landet eine Libelle darauf. „He, du", fragt Langohr sie. „Sagen sich Fuchs und Hase bei dir in der Luft gute Nacht?" – „So ein Dummerchen, glaubt tatsächlich an Märchen", kichert die Libelle. Langohr verscheucht sie und klettert aus dem Maulwurfshügel heraus. Müde lehnt sich der kleine Hase an einen Baum. Es stimmt wohl, denkt er traurig. Das Land, in dem sich Fuchs und Hase gute Nacht sagen, gibt es nur im Märchen.

Da hört er plötzlich eine ängstliche Stimme von hoch oben: „Hilf mir bitte, ich traue mich nicht mehr vom Baum herunter!" Langohr wundert sich, als er in der Baumkrone einen kleinen Fuchs entdeckt. Der kleine Fuchs tut Langohr so leid, dass er ganz vergisst, Angst zu haben. Stattdessen hat er eine Idee! „Ich weiß schon, wie du wieder runterkommst", ruft er zu dem jammernden Füchslein hinauf. Und er bittet eine Taube, ganz schnell zur Hasenwiese zu fliegen und seine Geschwister zu holen.

Die Aufregung auf der Hasenwiese ist groß, als die Taube von Langohr berichtet. „Dann hat er tatsächlich das Land gefunden, in dem sich Fuchs und Hase gute Nacht sagen!", rufen die Kleinsten. „Blödsinn", sagt die älteste Schwester Puschelschwanz. „Langohr wird sich in Gefahr bringen. Wir müssen zu ihm und ihn retten." So schnell sie kann, hüpft die Hasenschar durch den Wald.

Als sie bei Langohr ankommen, schimpft Puschelschwanz: „Lass den Fuchs auf dem Baum und komm mit nach Hause!" – „Nein", sagt Langohr. „Das Füchslein braucht unsere Hilfe. Außerdem sind wir schon Freunde." – „Na gut", sagt Puschelschwanz. Und schwuppdiwupp bauen die Hasenkinder eine Hasentreppe in die Baumkrone hinauf. Darüber kann der kleine Fuchs ganz bequem hinabsteigen. „Vielen Dank, liebe Freunde", sagt er, als er unten angekommen ist. „Ohne euch hätte ich wohl noch lange auf dem Baum sitzen können." Von jetzt an streifen der kleine Fuchs und Langohr jeden Tag durch Wald und Wiesen. Wenn sie am Abend nach Hause gehen, sagen sie immer: „Gute Nacht, Langohr." – „Gute Nacht, Füchslein."

Mein Mond

Eine Geschichte erzählt und illustriert von Frank Wowra

Es ist Abend und Moritz spielt in seinem Zimmer. Dabei schaut Mama herein: „Moritz, ab ins Bett!" – „Och nö, Mama, ich will aber noch spielen, nur ein kleines bisschen. Bitte!" Doch Mama kennt kein Wenn und Aber. „… und Zähneputzen nicht vergessen. Hörst du, Moritz?" Widerwillig verschwindet Moritz im Bad und putzt Zähne. „Hallo, Gusti, willst du mit mir spielen?", fragt Moritz seine Gummiente. Aber Gusti Gummiente ist schon müde und hat keine Lust. Schließlich liegt Moritz im Bett. Der Mond leuchtet durchs Fenster.

„Hallo, Mond, willst du vielleicht mit mir spielen?" Der Mond scheint Moritz ins Gesicht und flüstert: „Was wollen wir denn machen?" Da hat Moritz viele Ideen: „Auf dir kann ich bestimmt prima reiten. Willst du mein Schaukelpferd sein?" – „Und dann?", fragt der Mond. „ … bist du mein Schiff. Wir schippern ruhig übers Meer und lassen uns von den Wellen treiben. Und danach schweben wir durch den Abendhimmel. Hoch hinauf, aber langsam, sonst wird mir schwindelig! Wenn du Lust hast, spielen wir anschließend Verstecken. Erst suchst du mich, dann suche ich dich, was meinst du?"

Jetzt zeigt Moritz dem Mond seinen Teddy. „Sieh mal, Mond, Benno Bär ist müde. Die Augen fallen ihm schon zu." – „Dann schlüpft doch in meine Höhle und kuschelt euch unter mein Dach", antwortet der Mond. Das gefällt Moritz. „Hmmm. Warm und gemütlich ist es hier." – „Und jetzt?", fragt der Mond. „Psst! Benno Bär ist eingeschlafen. Bist du denn auch ein bisschen müde, Mond?", will Moritz wissen. „Ja", nickt der Mond, „gehen wir schlafen."

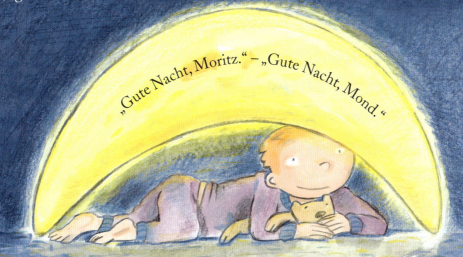

„Gute Nacht, Moritz." – „Gute Nacht, Mond."

Superpapa

Eine Geschichte von Karl Rühmann
Mit Bildern von Birte Müller

Wie jeden Abend brachte der Mäuse-Papa die Kinder zu Bett. Er gab jedem einen dicken Schmatz und sagte: „Und wenn ihr in der Nacht aufwacht und Angst habt …" – „… dann denken wir an dich", beendeten die Mäuse-Kinder wie jeden Abend den Satz. „Aber was ist, wenn du einmal ganz weit weg bist?", piepste der kleine Clemens. „Dann verwandle ich mich in Superpapa und komme ganz schnell durch die Nacht zu euch", meinte der Mäuse-Papa ganz ernst. „Aber er hat doch gar kein Superpapakostüm", jammerte Clemens, als sie allein in ihrem Zimmer waren. „Wisst ihr was?", rief Hanna. „Wir machen ihm eines!" – „Au ja", sagte Sara begeistert.

Am nächsten Tag schlachteten sie ihre Sparschweine und kauften ein großes, gestreiftes Nachthemd und ein Stück Stoff. Zu Hause zeichnete Hanna ein großes P auf den Stoff, Clemens schnitt es aus und Sara nähte es aufs Nachthemd. „Jetzt bist du unser Superpapa!", riefen die Mäuse-Kinder am nächsten Tag, als sie ihrem Papa das Nachthemd schenkten. „Und wenn wir in der Nacht Angst haben …" – „… dann denkt ihr an mich", ergänzte der Mäuse-Papa lachend.

Mitten in der Nacht wurden die Mäuse-Kinder wach. Etwas streifte durchs Gras vor dem Fenster. Es raschelte. Es schnaufte. Grunzte und brummte. Und dann klapperte es ganz schrecklich. „Was ist das?", flüsterte Clemens. „Ich hab Angst." – „Wo ist Papa?", fragte Hanna. „Wir müssen ihn rufen", meinte Sara. „PAPAAA!!!" Der Mäuse-Papa kam im Pyjama ins Zimmer gerannt. Die Mäuse-Kinder lugten ängstlich unter der Bettdecke hervor. „Was ist passiert?", fragte er erschrocken. „Da ist etwas vor dem Fenster. Ein Einbrecher!" – „Ein Bär!" – „Ein Monster!" – „Gehst du raus und verjagst es?" – „Hmm", überlegte Papa. „Und was, wenn das Monster größer und viel stärker ist als ich?"

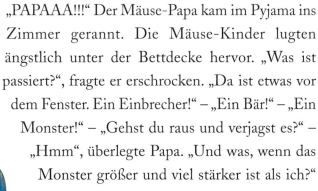

Die Mäuse-Kinder dachten nach. Sara sprang auf und rief: „Wir geben dir etwas mit!" Sie hielt Papa den Besen hin. Clemens kramte sein Kinder-Fernglas hervor. „Wenn du verkehrt herum reinguckst, siehst du das Monster viel kleiner", sagte er. Hanna hielt das neue Nachthemd hoch. „Außerdem hast du ja dein Superpapakostüm. Dir kann nichts passieren", rief sie.

Der Mäuse-Papa packte den Besen und hängte sich das Fernglas um. Dann streifte er sich das Kostüm über und sagte entschlossen: „O.K. Ich bin bereit." Er stieg auf das Fensterbrett, sprang hinaus und schlich in den finsteren Garten. Da! Hinter dem Werkzeugschuppen raschelte es. Hörte er jemand schnaufen? Der Mäuse-Papa hielt mutig den Besen vor sich und hob das Fernglas an die Augen. Zum Glück hielt er es verkehrt herum. Denn dort im Gras, gleich hinter der Mülltonne, stand ES. Der Mäuse-Papa senkte den Besen und schritt entschlossen auf das Monster zu. Kurz darauf kam er mit flatterdem Nachthemd übers Fensterbrett ins Zimmer zurückgeklettert.

„Ich habe das Monster verscheucht!", rief er fröhlich. „Wie sah es aus?", fragte Hanna besorgt. Der Mäuse-Papa atmete durch. „Grau und braun", sagte er. „Hatte es lange Spinnenarme?", wollte Clemens wissen. „Nein. Aber vier sehr flinke und kräftige Beine." – „Und hatte es große Hörner?", bohrte Sara nach.
„Nein. Aber tausend spitze Stacheln." Papa schüttelte sich. „Hat es Feuer gespuckt? Oder nach dir geschnappt?", fragte Hanna und kroch noch tiefer unter die Decke. „Nein. Aber als ich es mit dem Besen anstupste, verwandelte es sich in eine stachelige Kugel."

„Wow! Und du hast es dank deinem Nachthemd ganz allein besiegt! Du bist wirklich ein Superpapa", sagte Clemens. Der Mäuse-Papa war stolz. „Und jetzt wollt ihr wieder schlafen", sagte er. „Wenn ihr wieder Angst habt ..." – „... dann denken wir an dich!", riefen alle Mäuse-Kinder zusammen.

Stella tanzt auf dem Seil

Eine Geschichte von Katrin M. Schwarz
Mit Bildern von Marine Ludin

Stella ist der Star der Manege. Sie tanzt vorwärts und rückwärts übers Seil, läuft auf Zehenspitzen und schlägt sogar Rad. Wenn sie die Strickleiter hinunterklettert, klatschen die Zuschauer im Zirkus begeistert Applaus. Auch dieses Mal.

Nach ihrer Vorstellung hüpft Stella aus dem Zirkuszelt hinaus. Dabei begegnet ihr der starke Anton. Er ist so stark, dass er sogar den dicken Zirkusdirektor mit einer Hand über seinen Kopf heben kann. Fröhlich zwinkert Anton Stella zu: „Da ist ja meine tanzende Feder." In ihrem Wohnwagen zieht Stella ihr Kostüm aus. Ärgerlich betrachtet sie sich im Spiegel. „Tanzende Feder!" Stella will keine Feder sein. Am liebsten wäre sie so stark wie Anton. Bevor sie schlafen geht, macht Stella Liegestütze und Klimmzüge. Dann stemmt sie Bücherstapel hoch über ihren Kopf. „Wenn ich das jeden Abend mache, bin ich bald genauso stark wie Anton", denkt sie.

Als Stella im Bett liegt, hört sie den Wind um den Wohnwagen jagen. Doch da ist noch ein anderes Geräusch. Nachdem sie eine Weile gelauscht hat, steht sie auf und

schleicht zum Fenster. In diesem Moment kommt der Mond hinter einer Wolke hervor, und Stella traut ihren Augen nicht. Auf den Stufen seines Wohnwagens sitzt der starke Anton und weint laut schluchzend. Stella huscht zu ihm hinüber und erfährt, dass Antons Kuscheltuch in einem Windstoß davongeflogen ist. Jetzt weht es hoch oben auf dem Zirkuszelt. „Ohne Kuscheltuch kann ich aber nicht schlafen", jammert Anton.

Er tut Stella leid. Wie kann sie ihm nur helfen?

Schon hat Stella eine Idee: Aus dem Zirkuszelt holt sie das lange Seil, auf dem sie immer ihre Kunststücke vorführt. Geschickt macht Stella an dem einen Ende eine Schlinge. Dann wischt sie mit dem Zipfel ihres Nachthemds die Tränen von Antons Wange. Gemeinsam klettern sie auf das Dach des Wohnwagens. Anton wirft die Schlinge um die Fahne, die auf der Spitze des Zirkuszelts weht. Das andere Ende des Seils hält er dagegen fest und zieht es straff. Stella drückt Anton eine Taschenlampe in die freie Hand. „Gut festhalten", sagt sie. Anton nickt: „Wird gemacht."

Nun klettert Stella auf Antons Schultern. Von hier aus kann sie das Seil betreten. Das Licht der Taschenlampe zeigt ihr den Weg. Obwohl der Wind ihr die Haare ins Gesicht weht, tanzt sie leichtfüßig über das Siel – hinüber zu Antons Kuscheltuch. Schon erreicht Stella die Spitze des Zelts. Sie wickelt das Kuscheltuch von der Fahnenstange ab und winkt damit hinunter zu Anton. „Hurra!", ruft der glücklich zu ihr hinauf. „Stella, du bist die Größte!" Stella setzt sich auf das Seil und rutscht hinunter, mitten in Antons Arme. „Dein Kuscheltuch, kleiner Anton", grinst sie. „Ich danke dir, starke Stella!", lächelt Anton.

Das kleine Schaf will was erleben

Eine Geschichte von Katja Reider
Mit Bildern von José M. Lavarello

„Mama, stimmt es, dass wir die Hälfte unseres Lebens schlafen?", fragte das Schäfchen. „Hmm, das ist schon richtig", sagte Mama. „Wenn wir nicht schlafen würden, hätten wir also doppelt so viel Zeit herumzutoben und Dotterblumen zu fressen?" – „So ähnlich", sagte Mama, „aber ..." Aber da hatte das kleine Schaf schon beschlossen, sich das Schlafen abzugewöhnen. Gleich heute Abend wollte es anfangen.

Als der Mond aufging, kuschelten sich die Schafe dicht aneinander und schlossen die Augen. Nur das kleine Schäfchen stolzierte munter auf und ab. „Ich gewöhne mir das Schlafen ab", erzählte es allen. „Von heute an bin ich Tag und Nacht wach und erlebe doppelt so viel wie ihr." Doch bald hörte ihm keiner mehr zu, denn die anderen Schafe waren fest eingeschlafen. „Solche Langweiler!", sagte das Schäfchen und wälzte sich ausgiebig im Gras. Dann machte es sich auf die Suche nach ein paar saftigen Dotterblumen. Doch im Dunkeln war keine einzige zu sehen. „Meine Augen werden sich noch an die Dunkelheit gewöhnen", sagte sich das kleine Schaf. „Ich muss nur Geduld haben."

Am nächsten Morgen war das Schäfchen so müde, dass Mama es immer wieder anstupsen musste. „Wach auf, es gibt viel zu erleben: die Sonne lacht, das Gras ist frisch und saftig. Deine Freunde warten schon. Komm!" Doch das kleine Schaf sah weder Sonne noch Gräser noch Freunde, so müde war es. „Aller Anfang ist schwer", seufzte es und schleppte sich mühsam durch den Tag. Aber als am Abend der Mond aufging, stolzierte das kleine Schäfchen wieder über die Wiese. „Ich gewöhne mir das Schlafen ab. Es ist nicht ganz leicht, aber bald erlebe ich doppelt so viel wie ihr." Doch in dieser Nacht war das Schäfchen so müde, dass es über einen Zweig stolperte, einen Hügel hinunterkullerte und – patsch – mitten in einem dicken Kuhfladen landete. Mühsam stand es wieder auf und schlief dann ein paar Meter weiter erschöpft ein. Am nächsten Tag wollte keiner mit dem Schäfchen spielen, denn es stank ganz fürchterlich. Selbst Mama rümpfte die Nase. „Was bist du für ein Stinkschaf! Lauf sofort zum Bach und wasch dich."

Aller guten Dinge sind drei, sagte sich das kleine Schaf. Morgen habe ich sicher das Schlimmste überstanden. Dann fängt der Spaß an. Als sich alle zur Ruhe gelegt hatten, stolzierte das Schäfchen wieder über die Wiese. Doch heute war alles anders. Der Mond hatte sich hinter einer Wolkendecke versteckt und die Nacht war rabenschwarz. Das kleine Schaf wusste bald nicht mehr, wo es war. Es lauschte, doch nicht ein leises Blöken war zu hören. Selbst das Gras roch fremd. Wo war die Herde? Und wo war Mama? Das kleine Schaf begann zu zittern. Eigentlich machte es überhaupt keinen Spaß, nachts allein herumzutoben. Und Dotterblumen fand man auch nicht. Und immer war man müde und überhaupt … „MAMA! MAMA!!" Das kleine Schäfchen rief und rief.

Endlich löste sich aus dem Dunkel der Nacht eine helle Gestalt. Mama! Dann lag das Schaf im Arm seiner Mutter. Das war schöner als alle Dotterblumen dieser Welt! „Na, Ausreißer, hast du doppelt so viel erlebt wie alle anderen?" Das kleine Schaf seufzte. „Das kann man wohl sagen." Mama stupste ihr Kleines mit der Nase an. „Du musst nicht Tag und Nacht wach sein, um mehr zu erleben. Manchmal muss man nur die Augen zumachen!" – „Zumachen?" Das Schäfchen schüttelte den Kopf. „Aber mit geschlossenen Augen erlebe ich doch gar nichts." – „Warte ab", sagte Mama. „Schließ die Augen, … so ist es gut. Und nun stell dir vor, du liegst auf einer großen grünen Wiese. Frischer Tau schimmert auf den saftigsten Dotterblumen, die du je gesehen hast. Und sobald du eine Blume gemümmelt hast, wächst sie wieder nach. Jetzt läufst du über die Wiese, schneller als alle anderen. Du springst. Du kannst fliegen – die anderen Schafe werden zu kleinen, weißen Punkten … Kannst du es sehen, mein kleines Schäfchen?" Das Schäfchen nickte und begann zu träumen.

Hexenfrühling

Eine Geschichte von Christa Böckmann
Mit Bildern von Alfred Neuwald

Ganz tief im Wald lebte die gutmütige Hexe Schrumpelschnut. Sie war uralt. Und sie war sehr weise. Aber leider war sie auch schon etwas altersschwach und ihre Zauberkraft hatte abgenommen. Da sie nicht mehr so gut laufen konnte, brauchte sie dringend ihren Besen zum Fliegen, aber der war schon mal bei einem Sturz kaputtgebrochen und jetzt ließ er sich nur noch sehr schwer lenken. Zuweilen stürzte die arme Hexe damit sogar ab.

Eines Tages kam eine Krähe zu Schrumpelschnut geflattert. Sie hatte einen Zettel im Schnabel. Auf dem Zettel stand eine Botschaft ihrer Freundin Kräutermixe. Sie lud Schrumpelschnut zum Hexenfrühjahrsfest ein, bei dem die alten Hexen den Frühling herbeitanzen. Schrumpelschnut freute sich sehr. Sofort holte sie ihren Besen aus dem Schuppen und sagte: „Zippedizapp, zippedizapp, Besen, heb ab!" Schrumpelschnut flog über verschneite Felder, Wiesen und Wälder, über Berge und Täler.

Als sie über dem Finsterwalde war, wo es nicht nur finster, sondern auch stürmisch war, kam ein heftiger Windstoß und die Hexe stürzte ab. Schrumpelschnut landete einigermaßen weich in einer Baumkrone. Nachdem sie sich vorsichtig aufgesetzt hatte, erschrak sie fürchterlich: Der Baum war schrecklich hoch und der Besen lag zerbrochen auf dem Boden. Wie sollte sie bloß nach unten kommen? Schrumpelschnut nahm ihre ganze Zauberkraft zusammen und sagte: „Rappe, dappe, derbe – Baum, lass mich zur Erde!" Schwuppdiwupp – der Baum war weg, aber sie saß auf einem hohen Berg. Also noch mal: „Simm, samm, soden – lass mich sanft zu Boden." Schwuppdiwupp – da stand sie unten. Schnell reparierte Schrumpelschnut ihren Besen – darin hatte sie schon Übung – und erhob sich wieder in die Lüfte. Und endlich erreichte sie das kleine krumme Hexenhaus von Kräutermixe. Erfreut kam Kräutermixe herausgehumpelt und rief: „Schrumpel, altes Haus, komm herein, es sind schon fast alle da!" – „Grüß dich, Kräutermixe, ich freue mich aus tiefstem Hexenherzen, dich zu sehen. Und ich freue mich schon auf den Frühling." Sie überreichte Kräutermixe ihr Gastgeschenk – hübsche kleine, mit Knöchelchen verzierte Dosen.

Schrumpelschnut begrüßte ihre anderen Freundinnen und dann servierte Kräutermixe das Essen: eine giftgrüne, zischende und brodelnde Suppe. „Das ist Giftnatterbrühe mit gerösteten Spinnenbeinen", erklärte sie. „Köstlich", riefen die anderen Hexen. Dazu gab es leckeren Kopflauswein. Nach dem Essen wurde es so richtig lustig. Draußen auf der großen Lichtung entfachten die Hexen ein Feuer und tanzten singend und kichernd darum herum. Sie warfen ihre Besen in die Luft und fingen sie wieder auf. Donner grollte und Blitze durchzuckten den Himmel. Das war der tollste Hexenfrühlingstanz seit Jahrhunderten!

Schließlich waren die Hexen so müde und heiser, dass sie erschöpft in Kräutermixes Haus ein Lager bereiteten. Sie hatten alle Frühlingslieder gesungen, die sie kannten – es konnte eigentlich nichts mehr schiefgehen. Nun lagen sie da und schnarchten, dass sich im Hexenhaus die Balken bogen.

Am nächsten Tag war Schrumpelschnut als Erste wach. Sie stand auf und öffnete die Tür – und war begeistert. Durch die Schneedecke guckten die ersten Krokusse und Schneeglöckchen heraus. Die Hexen hatten es geschafft! Auch in diesem Jahr würde es wieder Frühling werden und dann Sommer und dann Winter. Und erst dann konnten sich die Hexen wieder zum nächsten Frühlingstanz treffen. Schade eigentlich, denn das dauerte noch sooo lange …

Rettet Tom, den Wal!

Eine Geschichte von Thomas Krüger
Mit Bildern von Jochen Windecker

Es ist vier Uhr früh am Morgen. Die Wale Willy und Wendy und der kleine Tom schlafen noch. Blubb. Blubb. Blubb, macht der Wecker. Willy gähnt kurz und blinzelt mit den Augen. Dann schläft er weiter. Blubberdi-Blubberdi-Püh – Brubbeldi-Blubber-Pitschüh hört man ihn laut schnarchen.

Blubb. Blubb. Blubb. Blubb. Blubb. Um sieben Uhr blubbert der Wecker mit aller Kraft. Willy gähnt ein so großes Walfischgähnen, dass es fast ein Erdbeben gibt. „Guten Morgen, Wendy", sagt er. „Guten Morgen, Tom." Aber der kleine Wal Tom ist nicht mehr da.

„Wo ist Tom?", wundern sich Willy und Wendy. „Du hast ihn verschluckt, Willy", sagt Anne-Monika, die Seeanemone. „Heute Morgen, beim Weckerblubbern. Ich hab's genau gesehen!", ist sich Anne-Monika sicher. Willy bekommt einen Riesenschreck. Auch Wendy ist entsetzt. „Hoffentlich ist Tom da drin nichts passiert!", ruft sie. „Wir müssen sofort zu Dr. Blau. Tom hat noch nichts gefrühstückt und um acht muss er in den Walkindergarten." Blitzschnell schwimmen Willy und Wendy zu Dr. Blau. Dort angekommen, meldet Schwester Waltraud, die Sprechstundenhilfe, sie gleich an.

Dr. Blau hört Willy mit seinem Unterwasser-Stethoskop ab. Willys Herz macht Blu. Blubb-Blubb. Blu-Blubb. „Du bist kerngesund", sagt Dr. Blau. „Aber hinter deiner linken Flosse schnarcht etwas." – „Das ist Tom!", ruft Wendy erleichtert. „Er ist morgens nie wach zu kriegen. Tom! Dr. Blau holt dich da raus!" – „Huste mal vorsichtig", sagt Dr. Blau zu Willy. Der Wal hustet: Bluhubb-Blubb-Blubb. Doch nichts passiert. „Vielleicht solltest du niesen", meint Wendy. Also niest Willy: Blu-Huu-Huu-Hubb-Tschi. Ein roter Ball, ein schwindliger Tintenfisch und Wendys Seetanghut kommen aus Willys großem Walfischbauch zum Vorschein. Tom aber nicht.

„Da hilft nur eins", meint Dr. Blau. „Schwester Waltraud, meine Angel." – „Aber Sie wollen doch jetzt nicht angeln?", ruft Wendy entsetzt, „Sie müssen Tom

helfen!" – „Keine Sorge", sagt Dr. Blau. „Schwester Waltraud: Einen Wecker und ein Seegurkenbrötchen. Und setzen Sie Willy auf einen Stuhl!", ordnet der Doktor weiter an.

Willy setzt sich hin und guckt nach oben. Er macht den Mund weit auf. Schwester Waltraud hat währenddessen alles Notwendige besorgt und reicht es Dr. Blau. Der bindet den Wecker und das Seegurkenbrötchen an die Angel. Dann wirft er die Angelschnur geschickt in Willys Mund und wartet. Plötzlich – Blubb. Blubb. Blubb. – blubbert der Wecker so heftig, dass es aussieht, als habe Willy eine fußballgroße Brausetablette geschluckt. Dann ruckt es an der Leine und Dr. Blau jubelt: „Blubber und Blasenblitz – er hat angebissen!"

„Jetzt müssen wir uns beeilen", ruft Dr. Blau, „bevor Tom das Seegurkenbrötchen aufgegessen hat!" Schwester Waltraud und Wendy helfen ihm, die Angelschnur einzuziehen. Ein Schwarm Putzerfische streicht währenddessen an Willys Nase vorbei und Willy muss noch einmal niesen. Und da schlüpft der kleine Tom aus Willys Mund.

Tom gähnt und blinzelt. „Tom", ruft Wendy glücklich, „geht es dir gut? Warum bist du denn nicht rausgeschwommen?" – „Es war so dunkel", sagt Tom verschlafen, „ich dachte, es ist Nacht." Dr. Blau nickt: „Dagegen habe ich was. Schwester Waltraud, schreiben Sie mal auf: Eine Lampe und einen Wecker. Beides an die Angel hängen und abends schlucken. Das hilft."

Von nun an wirft Wendy jeden Abend die Angelschnur aus. Willy verschluckt die Lampe und den Wecker. Und wenn er Tom am nächsten Morgen beim Gähnen verschluckt, wacht Tom trotzdem auf: In Willys Bauch ist es ja nun hell und der Wecker klingelt auch. Blubb. Blubb. Blubb.

Milli schläft bei Ottokar

Eine Geschichte von Manuela Mechtel
Mit Bildern von Dorothea Tust

Es klingelt. Ottokar rennt zur Tür. Er weiß schon, wer draußen steht: Seine Freundin Milli! „Hallo, Ottokar", sagt Milli. Milli darf heute bei Ottokar schlafen. „Was ist denn in der riesigen Tasche alles drin", fragt Ottokar verwundert. – „Meine Schlafsachen, was sonst!", erklärt Milli. „Ich übernachte doch heute bei euch."

Milli hat noch nie bei Ottokar übernachtet. Aber Ottokar schon oft bei Milli. Da hatte er immer nur seine Zahnbürste dabei. Und einen Schlafanzug, sonst nichts. „Ich zeig dir, was ich dabeihabe", sagt Milli und will den Reißverschluss aufziehen. Aber gerade da sagt ihre Mama: „Also, ich geh dann mal. Tschüs, mein Engel!" Sie gibt Milli einen Kuss. Milli gibt ihrer Mama drei Küsse. Und dann ist ihre Mama weg! „Wir bringen Millis Tasche gleich in dein Zimmer", entscheidet Ottokars Papa. „Ziehst du dann auch mein Sofa aus?", bittet Ottokar. Sein Bett ist nämlich zu klein für zwei, aber auf dem Sofa ist genug Platz. Milli hat ihre Kuscheldecke dabei, ihren Löwen, ihren Teddy, ihren Plüschtiger, der ein Schlaflied spielt, wenn man an einer Schnur zieht, und natürlich die Zahnbürste. Und ihren Lieblingsschlafanzug. Außerdem noch ihr kleines Schmusekissen. „Wozu brauchst du das alles?", fragt Ottokar. „Ich hab doch auch einen Teddy und eine Spieluhr. Und meinen Pinguin." – „Ich hab überhaupt noch nie woanders übernachtet. So ganz alleine", erklärt Milli und wird ein bisschen rot.

Aber sie ist gar nicht alleine. Sie ist ja bei Ottokar! Und Ottokar ist ihr allerbester Freund. Sie ziehen schon mal ihre Schlafanzüge an. Ottokars Papa hilft ihnen dabei.

„Wo ist eigentlich deine Mama?", fragt Milli. Ottokars Mama ist heute Abend nicht da. Dann essen sie im Schlafanzug zu Abend. Das macht Milli zu Hause nie! Es gibt Griesbrei mit Zucker und Zimt. Und mit frischem Orangensaft als Soße. Das ist Millis Lieblingsessen. Sie wundert sich. Ottokars Papa lächelt: „Das hat mir Ottokar verraten, nachdem er das letzte Mal bei dir übernachtet hat."

Nach dem Zähneputzen liest ihnen Ottokars Papa drei Pixi-Bücher vor. Dann gibt er Ottokar einen Gutenachtkuss. Milli will keinen Gutenachtkuss von Ottokars Papa. Sie will einen von ihrer Mama! Aber die ist ja nicht da. Darum gibt sie ihrem Löwen einen Kuss und ihrem Teddy auch. Ihre Mama fehlt ihr trotzdem.

Ottokars Papa macht das Licht aus. Zuhause schläft Milli immer mit ihrem Schlaflicht. Aber Ottokar hat keins. Deshalb lässt sein Papa die Tür einen Spaltbreit offen. „Gute Nacht, Milli", flüstert Ottokar. Aber Milli kann ohne ihre Tigerspieluhr nicht einschlafen. Ottokar zieht an der Schnur. Sie hören lange zu, aber Milli schläft nicht ein. „Ich hab ja noch eine Mondspieluhr", meint Ottokar. Diesmal darf Milli an der Schnur ziehen. Ottokars Mondspieluhr spielt ein anderes Lied. Milli ist immer noch nicht eingeschlafen. Darum lassen sie beide Spieluhren gleichzeitig spielen. Milli kichert, weil die Töne so witzig durcheinanderpurzeln. Ottokar macht lieber die Tür zu, damit sein Papa nicht merkt, dass sie immer noch wach sind. Genau da schläft Milli ein! Und lächelt im Schlaf. Was sie wohl träumt?

Leonie und Kasimir

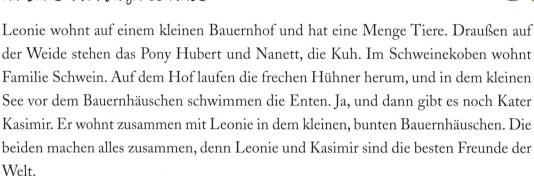

Eine Geschichte von Julia Boehme
Mit Bildern von Dunja Schnabel

Leonie wohnt auf einem kleinen Bauernhof und hat eine Menge Tiere. Draußen auf der Weide stehen das Pony Hubert und Nanett, die Kuh. Im Schweinekoben wohnt Familie Schwein. Auf dem Hof laufen die frechen Hühner herum, und in dem kleinen See vor dem Bauernhäuschen schwimmen die Enten. Ja, und dann gibt es noch Kater Kasimir. Er wohnt zusammen mit Leonie in dem kleinen, bunten Bauernhäuschen. Die beiden machen alles zusammen, denn Leonie und Kasimir sind die besten Freunde der Welt.

Gerade essen Leonie und Kasimir zu Mittag. Heute gibt es Ravioli, ihre Lieblingsspeise! „Guten Appetit!", wünscht Leonie. Doch Kasimir hat sich schon über seine Ravioli hergemacht und schlürft sie – ohne Löffel – gleich aus dem Teller. Platsch! Schon klatschen Kasimir mehrere Ravioli auf den Tisch. Sie hinterlassen knallrote Ravioliabdrücke. „Ach Kasimir!", ruft Leonie ärgerlich, denn sie hat die Tischdecke gerade gestern erst frisch gewaschen. „Du bist ein echtes Schwein!" – „Was?", fragt Kasimir verwundert. „Ich bin doch kein Schwein. Ich bin ein Kater!" – „Nein!", Leonie schüttelt entschieden den Kopf. „Nur Schweine machen so eine Schweinerei!" – „Ach so", murmelt Kasimir, und schon ist er zur Tür hinaus. „So war das doch gar nicht gemeint!", ruft Leonie ihm hinterher, aber Kasimir ist schon verschwunden.

Leonie lässt alles stehen und liegen und sucht überall verzweifelt nach ihrem allerbesten Freund. Zuerst läuft sie auf den Hof. „Habt ihr Kasimir gesehen?", fragt Leonie die frechen Hühner. „Ja, ja", gackern die Hühner. „Und wo ist er?", will Leonie wissen. „Keine Ahnung", lachen die Hühner. „Er ist über den Hof gerannt, und jetzt ist er weg." – „Ihr seid mir ja eine schöne Hilfe!", seufzt Leonie. Sie läuft zum kleinen See. Doch hier ist Kasimir auch nicht! „Habt ihr Kasimir gesehen?", ruft Leonie den Enten auf dem Teich zu. „Nein, tut uns leid!", quaken sie.

„Wir haben getaucht und nichts als Wasser gesehen!" Und bevor Leonie noch etwas sagen kann, sind sie schon wieder untergetaucht. Leonie läuft weiter zur Weide. Aber dort sind nur Hubert und Nanett. „Habt ihr vielleicht Kasimir gesehen?", fragt sie die beiden. Aber Hubert und Nanett schütteln nur ihre großen Köpfe. Auch sie haben nicht die geringste Ahnung, wo Kasimir ist. Leonie überlegt: Wo könnte Kasimir bloß stecken? Oje, er wird doch nicht im Schweinekoben sein? Leonie schaut gleich nach.

„Huhu!", begrüßt Kasimir Leonie fröhlich. Er sitzt mitten im Schweinekoben in einer riesigen Matschpfütze, dreckig von oben bis unten. Und um ihn herum suhlt sich die Schweinefamilie. „Komm sofort da raus!", ruft Leonie entsetzt. „Wieso?", ruft Kasimir glücklich. „Ich bin ein Schwein, und Schweine lieben Matsch! Oh, wie schön es ist, ein Schwein zu sein!" – „Ja, sauschön!", grunzt das kleine Ferkel und wälzt sich lachend in der Pfütze.

„Bitte, Kasimir!", stammelt Leonie. „Komm mit nach Hause!" Da tapst Kasimir aus der Pfütze. „Tschüs, Freunde!", sagt er und winkt den Schweinen zum Abschied fröhlich zu. Aber bevor Kasimir in das kleine, bunte Bauernhäuschen darf, muss er sich baden. Wie gut, dass sie den kleinen See gleich vor der Haustür haben. Da braucht man keine Badewanne. „Wie siehst du denn aus?!", quaken die Enten, als sie Kasimir sehen, und kichern. Als Kasimir zum ersten Mal aus dem Wasser auftaucht, ist er immer noch ganz dreckig. Beim zweiten Mal sieht er schon besser aus. Und als er das dritte Mal aus dem Wasser guckt, ist sein helles Fell endlich wieder ganz sauber.

„Ich sage nie wieder Schwein zu dir!", verspricht Leonie, als sie schließlich die aufgewärmten Ravioli essen. „Wieso denn nicht?", fragt Kasimir erstaunt. „Es ist doch schön ein Schwein zu sein!" Dann schlürft er die Ravioli gleich aus dem Teller, dass die Tomatensoße nur so spritzt.

Käpt'n Kurzbein, Kanonen-Charly und Suppen-Piet fahren nach Sansibar

Eine Geschichte von Manuela Mechtel
Mit Bildern von Patrick Wirbeleit

Käpt'n Kurzbein fährt seit 45 Jahren zur See. Er ist immer wütend, weil er mit sechs Jahren aufgehört hat zu wachsen. Darum ist er gnadenlos gefährlich! Kanonen-Charly hat in 50 Jahren 191 Schiffe versenkt und kann Eisenstangen mit den bloßen Händen verbiegen. Und Suppen-Piet ist seit 40 Jahren unentbehrlicher Smutje. Er benutzt sein langes Messer nur für die Küche.

Die drei Freunde waren der Schrecken der sieben Weltmeere gewesen. Jetzt gingen sie in den verdienten Ruhestand. Vor 20 Jahren hatten sie einen Schatz auf der Insel Sansibar versteckt. Den wollten sie nun holen. Und gerecht teilen. Es war genug für alle da. Wochenlang segelten sie bis nach Sansibar. „Raus mit der Schatzkarte!", befahl Käpt'n Kurzbein, als sie endlich Anker geworfen hatten. Suppen-Piet kratzte sich am Kopf und Kanonen-Charly kratzte sich die Bartstoppeln. Suppen-Piet behauptete: „Ich hab sie nicht!" Und Kanonen-Charly behauptete das Gleiche. Käpt'n Kurzbein wurde rot vor Wut. Schon war die schönste Rauferei im Gange.

Bald ging ihnen die Puste aus. Sie waren eben doch alt geworden. Aber Kanonen-Charly erinnerte sich noch genau daran, wie er den Schatz vergraben hatte. Suppen-Piet erinnerte sich daran, wie er damals die Karte gezeichnet hatte. Und Käpt'n Kurzbein fiel plötzlich ein, dass er die

Schatzkarte ja versteckt hatte! Sicherheitshalber. Aber wo? Das wusste er nicht mehr. Drei Tage lang durchsuchte Käpt'n Kurzbein seine Kapitänskajüte. Kanonen-Charly schrubbte derweil das Deck und die Kanonen blitzblank. Und Suppen-Piet kochte köstliche Gerichte mit Kochbananen und Kokosnüssen.

Endlich fand Käpt'n Kurzbein die Schatzkarte: Er hatte sie in seine Matratze eingenäht. Sie sah nicht mehr gut aus. Außerdem haben Piraten keine Brillen! Das machte jedoch die Sache nicht leichter. Suppen-Piet gelang es schließlich, die Karte zu entziffern. Jetzt konnten sie an Land gehen. Kanonen-Charly trug zwei alte Spaten. Suppen-Piet trug einen Henkeltopf mit Fischsuppe und eine Flasche Rum. Und Käpt'n Kurzbein trug die Schatzkarte.

Der Weg war schwer zu finden, denn die große Palme, die vor 20 Jahren an der Stelle stand, wo sie abbiegen mussten, war nicht mehr da. Dafür gab es neue Palmen. Sie irrten in der Mittagshitze über Sansibar, bis sie endlich das Holzkreuz fanden, das Kanonen-Charly damals gezimmert hatte. Käpt'n Kurzbein sah zu, wie die beiden die Schatzkiste ausbuddelten. Sie war zum Glück noch da! Dann feierten sie mit Fischsuppe und Rum. Später schafften sie den Schatz auf ihr Piratenschiff Polly: Suppen-Piet und Kanonen-Charly trugen die Schatzkiste und Käpt'n Kurzbein saß obendrauf.

Den Schatz teilte Käpt'n Kurzbein so: Ich 2, ihr 1, ich 2, ihr 1 …" Am Ende befahl Kanonen-Charly nur „Umgekehrt!" und zog sein langes Messer. Käpt'n Kurzbein lief rot an. „Nein!", schrie er. Suppen-Piet drohte: „Wenn du den großen Haufen nimmst, koch ich nichts mehr für dich! Keinen Schokoladenpudding und keine Haifischflossen." Und Kanonen-Charly wollte das Schiff nicht mehr steuern und auch nicht mehr putzen. Da wurde Käpt'n Kurzbein blass. Das Messer machte ihm keine Angst. Er hatte ja selber eins. Aber er konnte nicht kochen! Und er konnte doch das große Schiff nicht alleine steuern! „Also gut", sagte er heiser. Sie warfen die Goldmünzen zurück in die Schatzkiste. Auf ihrem Piratenschiff Polly lebten die drei Freunde fortan glücklich zusammen bis an ihr Lebensende.

Pixi und der Frühling

Eine Geschichte von Julia Boehme
Mit Bildern von Dorothea Tust

Als Pixi am Morgen aus dem Fenster sah, rieb er sich verdutzt die Augen: „Nanu, plötzlich sieht alles so anders aus!" Sofort rannte Pixi nach draußen. Der ganze Schnee war weg! Über Nacht war er einfach weggeschmolzen! „Schau, die kahlen Bäume!", rief Hase Langbein. „Die sehen jetzt richtig öde aus." – „Der Wald kann wirklich ein bisschen Farbe vertragen", nickte Pixi. „Soll ich mal meinen Tuschkasten holen?", fragte Langbein sofort. „Nicht nötig", lachte die alte Eule. „Für Farben sorgt der Frühling schon ganz alleine!"

Die Eule hatte Recht. Es dauerte gar nicht lange, da blühten mit einem Mal gelbe Osterglocken, lila Krokusse und blaue Veilchen. „Mit unseren Tuschkästen hätten wir ganz schön zu tun gehabt", lachte Pixi. Und plötzlich war der Wald nicht nur bunt, sondern auch voller Leben. Fussel und all die anderen Eichhörnchen wuselten fröhlich im Wald herum. Frosch Friedrich quakte lautstark sein Frühlingslied. Und auch Erich Igel war wieder da. „Uaaah!", gähnte er laut, denn er war gerade erst aus seinem Winterschlaf aufgewacht.

Da schwirrte und zwitscherte es am Himmel. „Die Vögel kommen!", rief Pixi und warf seine Zipfelmütze vor Freude hoch in die Luft. Und wirklich, sie kamen alle aus ihrem Winterurlaub zurück. „Hallo, Pixi", jubelten sie. „Wir sind wieder da!" – „Wie

war es in Afrika?", wollte Pixi wissen. „Schön warm", klapperte ein Storch. „Und hier?" – „Schön kalt", lachte Pixi. „Der Schnee ging mir bis zur Nasenspitze und ich habe lauter Schnee-Pixis gebaut." – „Wo denn?", zwitscherte eine kleine Schwalbe. „Zeig mal!" – „Die sind doch längst geschmolzen", kicherte Hase Langbein.

„Jetzt, wo alle wieder da sind, können wir doch feiern", schlug Pixi vor. „Ein richtiges Frühlings-Willkommenfest!" Aber Moment mal, es waren gar nicht alle da: Umbärto fehlte ja! Der lag immer noch in seiner Höhle und hielt Winterschlaf.

„So eine Schlafmütze!", kicherte Pixi. „Kommt, wir wecken ihn einfach auf!" Doch so leicht war das gar nicht. „Aufwachen!", riefen Pixi und seine Freunde und rüttelten den Bären fröhlich. Doch Umbärto schlief weiter, tief und fest. Selbst Kitzeln half nichts. „Ich glaube, ich habe da eine Idee", strahlte Pixi. Er pflückte einen bunten Blumenstrauß und brachte ihn zu Umbärto. Im Schlaf schnupperte Umbärto mit seiner Bärennase, lächelte und schlug auf einmal die Augen auf. „Ich habe geträumt, dass schon Frühling ist", murmelte Umbärto verschlafen. „Und ob schon Frühling ist!", lachte Pixi. „Wirklich?", fragte Umbärto und roch noch einmal ganz doll an den Blumen. „Ha-ha-hatschiiiii", nieste er. „Ist das schön!"

Umbärto schnupperte noch einmal. „Ich rieche nicht nur den Frühling. Ich rieche noch etwas anderes!" Neugierig tapste er aus seiner Höhle. „Ohhh!", staunte Umbärto. Denn draußen stand ein Teller mit einem großen duftenden Kuchen. „Willkommen zu unserem Frühlingsfest!", rief Pixi. Und jetzt, wo auch Umbärto wach war, konnte endlich gefeiert werden. Und alle feierten mit!

Eine Übernachtung im Kindergarten

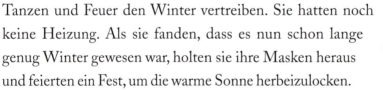

Eine Geschichte von Jörg ten Voorde
Mit Bildern von Sven Leberer

„Hallo, Franzi! Hallo, Vicki!", ruft Amelie. „Seht mal, mein neuer Schlafsack." Auch Franzi und Vicki haben ihre Schlafsäcke dabei. Alle sind schrecklich aufgeregt, denn sie dürfen heute Nacht im Kindergarten schlafen. Sybille, die Erzieherin, hat gesagt: „Wir wollen mal ein richtig schönes Winter-geh-nach-Haus-sonst-schmeißen-wir-dich-raus-Fest feiern." – „Schaut!" Amelie zeigt auf das Gartentor. „Da kommen Hannes und Ole!" Hannes ist Sybilles Mann und Ole ist ihr Hund.

Am Abend bauen die Mamas und Papas auf der Wiese eine Feuerstelle für das Frühlingsfeuer. Michels Papa hat dafür viele Steine mitgebracht. Bevor die Erwachsenen nach Hause gehen, schleppen sie noch die Steine zur Wiese und legen sie zu einem großen Kreis. Als das Lagerfeuer endlich brennt, gibt es Kartoffelsalat und Würstchen. Hannes sitzt auf einem großen Stein und spielt Gitarre. Amelie kann gar nicht mitsingen. Mmmmh, sie hat den Mund voll mit Wurststückchen und geröstetem Brot.

Sybille erzählt: „Früher, als die Omas und Opas von euren Omas und Opas noch gar nicht auf der Welt waren, wollten die Menschen mit Singen und Tanzen und Feuer den Winter vertreiben. Sie hatten noch keine Heizung. Als sie fanden, dass es nun schon lange genug Winter gewesen war, holten sie ihre Masken heraus und feierten ein Fest, um die warme Sonne herbeizulocken.

„Nun setzt einmal eure Masken auf, die ihr heute Morgen gebastelt habt", fährt Sybille fort. „Wir werden mächtig um das Feuer herumtanzen, um den Winter zu vertreiben." Amelie hat ihre Maske aus einer Papiertüte gebastelt. „Seht mal", sagt sie. „Hier habe ich zwei große Löcher für die Augen reingeschnitten. Und ein klitzekleines für meine Nase." – „Huhuuuh!", meint Sybille. „Da wird sich der Winter aber ganz schön erschrecken." – „Der wird sich vor lauter Angst in die Hosen machen!", ruft Amelie und saust mit Franzi und Vicki ums Lagerfeuer. Auch Ole, der Hund, läuft bellend mit. So richtig laut hört man ihn nicht, die Kinder haben ihm Klopapier um den Kopf gewickelt. „Ole muss doch auch eine Maske haben", meint Michel. „Sonst hat er doch gar keinen Spaß an unserem Fest." – „Wir machen jetzt den Winter-bist-du-auch-verschwunden?-Spaziergang durch den Wald", ruft Hannes. „Bei eurem Geheule würde es mich doch sehr wundern, wenn wir auch nur ein Zipfelchen Winter irgendwo finden könnten." Hannes leuchtet mit einer großen Taschenlampe den Weg durch die dunkle Nacht. Amelie hält Franzi und Vicki fest an den Händen.

„Igitt!", quietscht Vicki auf einmal. „Mich hat der Winter angeschleckt!" – „Uhuuuh! Und mich hat er mit seiner kalten Schnauze angestupst", heult Franzi. „Hannes, leuchte mal mit deiner Taschenlampe!" Doch dann sehen sie, dass Ole neben ihnen hertrottet. „Hihi, der Winter sieht ja aus wie Ole mit einem Klopapierkopf!" Die Kinder müssen lachen, aber ein bisschen Angst haben sie doch noch. Beim Spazierengehen erzählt Hannes den Kindern Gespenstergeschichten und zieht dazu schaurige Grimassen. Mit der Taschenlampe leuchtet er sich dabei ins Gesicht. So sieht er ganz unheimlich aus. Amelie gruselt sich ein bisschen, aber das verrät sie nicht.

„Toll!", ruft Amelie, als sie wieder zurück im Kindergarten sind. „Wir haben auch nicht das klitzekleinste Stück Winter gefunden." – „Und überhaupt hat es schon richtig nach Frühling gerochen, so nach grünen Blättern und nach warmer Matsche."

Die Kinder liegen in ihren Schlafsäcken auf der großen Turnmatratze. „Ja", murmelt Amelie müde, „so eine tolle Frühlingsnacht müssen wir jedes Jahr feiern."

Ingo und der alte Wal

Eine Geschichte erzählt und illustriert von Andreas Röckener

Ingo, der kleine Pinguin, besucht immer gern den alten Wal. Denn der alte Wal kann viel erzählen. Er ist weit gereist und kennt jedes Meer der Welt und viele Inseln und Küsten. Doch nun sind die Flossen des alten Wals müde geworden. Darum lebt er jetzt zwischen den Eisbergen am Polarmeer. Aber manchmal fühlt er sich ein wenig einsam, und dann ist es schön, wenn Ingo zu Besuch kommt. Ingo sitzt dann auf einer Eisscholle und hört gespannt zu, wenn der alte Wal Geschichten erzählt.

„Kennst du eigentlich schon die Geschichte vom Zuckerhut?", fragt der alte Wal. „Nein!", ruft Ingo voller Erwartung. Der alte Wal hat die Geschichte schon viele Male erzählt. Aber Ingo hört sie immer wieder gern, denn jedes Mal ist sie ein wenig anders. Und der alte Wal erzählt, dass er lange Zeit dachte, am Zuckerhut müsse es köstliches Süßwasser geben. Aber als er dorthin geschwommen war, fand er nur ein gestrandetes Fass mit sauren Gurken.

„Erzähl weiter", drängt Ingo ihn. Und der alte Wal erzählt von den Kängurus, die er am Strand von Australien zur Abkühlung nass gespritzt hat. Und von der großen Statue

bei New York, wo er sich eines Tages mit einer wunderschönen Seekuh traf. Und von vielen, vielen anderen Erlebnissen. „Oh, die Welt ist groß und schön", schwärmt der alte Wal und bläst vor Begeisterung eine besonders hohe Fontäne in den Himmel.

„Wow", staunt Ingo und kommt dabei auf eine Idee. „Auch wenn deine Flossen müde geworden sind. Luft hast du immer noch genug. Puste mich doch einmal nach ganz oben, damit ich auch mal die weite Welt sehen kann." – „Alles klar", brummt der alte Wal. Ingo klettert auf seinen Rücken und schon hebt ihn eine gewaltige Wasserfontäne in die Höhe. „Hui, das ist toll", ruft Ingo begeistert. „Ich kann in alle Himmelsrichtungen sehen." Dann fällt er zurück ins Wasser. „Jetzt geht mir aber die Puste aus", japst der alte Wal. „Was hast du gesehen?"

„Oh, eine Menge!", prahlt der kleine Pinguin. „Ich sah einen steilen Felsen, der so aussah wie ein riesiger Hut." – „Der Zuckerhut", staunt der alte Wal. „Und ich sah hüpfende Tiere an einem roten Strand." – „Australien", wundert sich der alte Wal. „Ich sah eine Figur mit Igelfrisur, die eine Fackel hochhielt." – „New York!" Der alte Wal kann es kaum glauben. „Hast du etwa auch eine Seekuh gesehen, die so schön ist wie Vollmond und Sonnenaufgang zusammen?" – „Oh ja", behauptet Ingo. Da tippt der alte Wal an Ingos kleine gelbe Brust und schaut ihm tief in die Augen. „Ist das auch wahr, was du erzählst?" Und Ingo antwortet: „Aber klar – alles, was ich dir erzähle, ist so wahr wie alles, was du mir erzählst!" Der alte Wal räuspert sich. „Dann muss es ja wohl stimmen", brummt er.

Die Pferde-Prinzessin

Eine Geschichte von Ruth Gellersen
Mit Bildern von Nina Chen

Die kleine Prinzessin Ida galoppiert auf ihrem Steckenpferd in den Thronsaal. Ihr Vater, der König, wirbelt sie herum: „Ein wunderschöner Tag für einen Ausritt! Möchtest du mitkommen?" – „Ich darf reiten?", jubelt Prinzessin Ida. Aber da schüttelt der König den Kopf. „Du kannst in der Kutsche mitfahren." Da pfeffert Prinzessin Ida das Steckenpferd in die Ecke. „Ich will aber reiten!", schimpft sie.

Der König und die Königin gehen hinaus zu den Ställen, wo Prinz Johann die Pferde bereit macht. Die Kutsche steht auch schon dort. Prinzessin Ida saust hinter ihnen her. Der König steigt auf sein Schlachtross. Es ist so groß, dass Prinzessin Ida bequem unter seinem Bauch hindurchlaufen kann. „Ich möchte reiten!", ruft sie. Das riesige Pferd schnaubt kräftig – so heftig, dass sein Atem Prinzessin Ida die Krone vom Kopf fegt. Prinzessin Ida läuft zu ihrer Mutter. Die Königin thront auf ihrem weißen Pferd. „Darf ich auch reiten?", fragt Ida und will gerade nach der seidigen Mähne des Pferdes greifen. Doch der Schimmel erschrickt. Er wiehert laut und tänzelt auf der Stelle. Eilig springt Prinzessin Ida einen Schritt zurück. „Er ist zu ängstlich", meint die Königin. „Komm doch lieber in der Kutsche mit."

„Wenn ich nicht reiten darf, komm ich nicht mit", ruft Prinzessin Ida.

„Ich will nicht in der Kutsche fahren!" Und schon stürmt sie zum Schloss zurück. Auf der Terrasse steht ihr Schaukelpferd. Es ist alt und zerschlissen, aber schaukeln kann es noch immer … Prinzessin Ida schaut sich um: Weit und breit ist niemand zu sehen. Rasch steigt sie auf. Doch das Schaukeln macht keinen Spaß. Dafür ist sie doch schon zu groß. Prinzessin Ida möchte endlich auf einem richtigen Pferd reiten! Wütend steigt sie ab und versetzt dem Schaukelpferd einen ordentlichen Fußtritt. Da hört die Prinzessin ein Geräusch. Sie hält inne und lauscht. Wieder ertönt das Geräusch. Ein Schmatzen. Ein Schnauben. Es kommt aus dem Obstgarten. „Ob das ein Drache ist?", flüstert Ida. Und obwohl sie ein bisschen Angst hat, schleicht sie näher.

Auf der anderen Seite der Hecke, im hohen Gras zischen den Obstbäumen … „Ein Pony!" Prinzessin Ida jubelt. Da steht tatsächlich ein Pony. Es hebt den Kopf, als es Ida kommen sieht. Das Pony hat dunkle Augen, weiches Fell, es ist nicht zu groß und nicht zu klein – genau richtig für Prinzessin Ida. Den ganzen Tag spielen sie miteinander. Sie streifen umher, klauen Äpfel und die dicksten Mohrrüben aus dem Gemüsegarten. Die Zeit vergeht wie im Flug.

Inzwischen ist der königliche Haushalt in heller Aufregung. Der König, die Königin und Prinz Johann sind längst von ihrem Ausritt zurück. Doch wo steckt Prinzessin Ida? Fieberhaft durchsuchen sie das Schloss. Da hat der König einen Einfall. Er geht in den Garten und tatsächlich: Dort, unter einem Apfelbaum, steht die kleine Prinzessin und striegelt das Pony mit ihrer Haarbürste. „Das hätte ich mir denken können", lacht der König. „Hier bist du. Na, wie gefällt dir denn dein Geburtstagsgeschenk?" Prinzessin Ida fällt ihrem Vater um den Hals. „Wunderbar!", ruft sie. „Wie gut, dass ich schon morgen Geburtstag habe!"

Am Abend schleicht Prinzessin Ida mit ihrem Federbett und einem Seidenkissen in den königlichen Stall und besucht ihr Pony. „Morgen reiten wir aus", verspricht sie ihm und kuschelt sich zu ihrem Pony ins Stroh.

Hugo und die Hummelkiste

Eine Geschichte von Joachim Schultz
Mit Bildern von Hermien Stellmacher

Es war ein warmer Frühlingstag. Bienen und Hummeln flogen fleißig von Blume zu Blume. Hugo saß am Wegesrand und seufzte. Fliegen müsste man können … In diesem Augenblick setzte sich eine Hummel auf eine Blume direkt vor seiner Nase. Hugo schaute ihr zu und murmelte: „Die hat's gut. Die kann fliegen. Ob ich wohl auch fliegen kann, so wie eine Hummel? Schließlich habe ich auch einen Pelz. Vielleicht bin ich ja ein waschechter Hummelbär?", überlegte er.

Hugo stellte sich auf die Wiese vor seinem Haus, das auf einem Hügel stand. „Ach, wäre das toll, mal eine Runde zu fliegen. Ich probiere es einfach." Zögernd bewegte er die Arme auf und ab, als hätte er Flügel. Dann ruderte er immer schneller und rannte den Hügel hinunter, zog die Beine hoch und … landete unsanft im Gras. Enttäuscht schlurfte er den Hügel wieder hoch.

Am nächsten Morgen überlegte Hugo, wie der zweite Flugversuch aussehen könnte. Wenn es so nicht klappte, könnte er sich vielleicht ein Fluggerät bauen. Nach dem Frühstück ging er in die Bücherei und schaute sich Bücher über Flugtechnik an. Das war alles ganz schön kompliziert. Schließlich entschied er sich für ein bestimmtes Modell. Schon bald hörte man lautes Hämmern und Sägen hinter dem Bärenhaus. Hugo schleppte Dachlatten aus der kleinen Scheune heran, studierte die Pläne, nahm Maß, schnitt Stoffbahnen auseinander und wischte sich immer wieder den Schweiß von der Stirn. Ausgerechnet jetzt kam die Bärenbande vorbei. „Das hat mir gerade noch gefehlt", stöhnte Hugo. Meistens hatte die Bärenbande nämlich Unfug im Kopf. „Was soll denn das werden, wenn es fertig ist?", ärgerten sie ihn. „Ihr werdet euch noch alle wundern", entgegnete Hugo ihnen mutig. Nach drei Tagen war es dann endlich so weit. Vorsichtig schob

Hugo seine Flugmaschine, die Hummelkiste, wie er sie inzwischen nannte, auf den höchsten Punkt des Hügels. Sie sah wirklich sehr komisch aus. Zwei Flügel aus bunten Stoffen und ein Wirrwarr aus Stangen, Schnüren und Fähnchen. Das Ganze stand auf zwei etwas wacklig aussehenden Rädern. Vorsichtig setzte er sich hinein, zog seine Mütze tief in die Stirn und ließ die Hummelkiste den Berg hinunterrollen. Er wurde immer schneller, und dann war es so weit: „Hurraaaaa!!", brüllte er, „es klappt!" Kaum hatte Hugo das gesagt, krachte er auch schon durch die Zweige eines Baumes und blieb etwas benommen am Boden liegen.

„He, hast du dich verletzt?" Hugo schaute aus den Trümmern seiner Hummelkiste und sah einen Dachs. „Ich heiße Hugo", begann er, „eigentlich dachte ich, ich bin ein Hummelbär und …" Es sprudelte nur so aus ihm heraus. „Und ich bin Kasimir", stellte sich der Dachs vor. „Das ist ja ein tolles Ding." – „Wo kommst du denn plötzlich her?", wollte Hugo wissen. „Ich hatte eine Höhle unten beim Fluss, aber die steht seit gestern unter Wasser. Normalerweise können Dachse prima schwimmen – nur bei mir klappt das leider nicht." Hugo überlegte kurz. „Du kannst ja zu mir kommen", schlug er vor. „Bei mir ist genug Platz für zwei." Und so schleppten sie gemeinsam die Hummelkiste den Hügel hinauf und stellten sie in Hugos Garten.

Müde, aber zufrieden saßen beide am Abend gemütlich vor dem Haus und tranken heiße Schokolade. „Weißt du, Hugo", begann Kasimir, „manchmal bin ich besonders traurig darüber, dass ich nicht schwimmen kann. Aber dann schließe ich die Augen und träume davon, ganz tief tauchen und schnell schwimmen zu können. Und alle anderen finden das auch große Klasse. Nach so einem Traum geht es mir schon viel besser. Vielleicht träumst du auch ab und zu mal vom Fliegen. Das ist viel ungefährlicher …" Hugo nickte. „Ich glaube, du hast Recht." Die Fähnchen der Hummelkiste flatterten leise im Wind. Hugo schloss die Augen und flog eine große Runde über dem Tal.

Sechs Mäuse im Klavier

Eine Geschichte von Hermann Schulz
Mit Bildern von Jochen Windecker

Sofia war allein zu Hause. Weil sie nicht rausgehen durfte, saß sie am Tisch und war schlecht gelaunt. Hier passierte ja nichts, was irgendwie spannend sein könnte. Im Garten wäre es besser, statt hier im Haus zu sitzen. Sie überlegte, ob sie nicht vielleicht das Radio anmachen sollte. Das sah Mama nicht gern, aber wenn ihr Auto auf den Hof fahren würde, wäre es mit einem Handgriff wieder ausgeschaltet. Plötzlich hörte sie ein Geräusch, als spielte irgendwo Musik.

Sie waren so klein und grau, dass Sofia auf dem alten Teppich zuerst kaum etwas erkannte. Sechs kleine Mäuschen, fast noch ohne Fell, waren aus dem alten Klavier in der Ecke gepurzelt und tapsten wie blind auf dem Teppich umher. Sofia hockte sich daneben und berührte die Mäusejungen vorsichtig mit einem Finger. Sie waren ganz warm. Und schienen keine Angst zu haben. Was jetzt? Ihr schoss durch den Kopf: Mama wird vielleicht kreischen und Papa wird sie dann in den Garten bringen. Was tun?

„Mach, dass du fortkommst!", rief sie der Katze zu, die sich die Barthaare leckte und neugierig um sie herumstrich. Wenn ich die Mäuse retten will, habe ich nur wenig Zeit, überlegte Sofia. Wenn ich sie nach draußen bringe, werden ihre Mäuseeltern sie nicht finden. Ihnen die Flasche geben? So kleine Flaschen gibt es gar nicht!

Sofia grübelte. Sie waren ja so süß! Aber wie sollte sie die winzigen Mäuse vor Papa und der Katze retten? Sie legte sich auf den Boden und betrachtete die morsche Klavierrückseite, aus der die Mäusekinder gefallen waren. Vorsichtig bog sie die Rückwand ein wenig zurück. Dahinter war ein Nest aus Haaren und Wolle. Vermutlich waren die Mäuseeltern ganz in der Nähe.

„Kommt raus, ihr Mäuseeltern!", murmelte Sofia. Aber nichts rührte sich. Wenn ich mit ihnen richtig reden könnte, wäre alles einfacher, dachte sie. Jeden Augenblick konnten ihre Eltern zurück sein. Da hatte Sofia eine Idee. Zwischen die Rückwand des Klaviers klemmte sie Papas Pfeife. Das gab gerade so viel Platz, dass sie die Mäusekinder vorsichtig in ihr Nest zurücklegen konnte. In der Küche fand sie auf dem Tisch alte Käserinde, die würde Mama nicht vermissen und sie würde den Mäusen sicher schmecken. „Rührt euch nicht von der Stelle! Und leise sein!", mahnte Sofia und schloss die Rückwand des Klaviers wieder. Dann klemmte sie zwischen die Wand und das Instrument ein Kissen aus dem Kinderzimmer. Sie schleppte ihr Puppenhaus ins Wohnzimmer und stellte es neben das Klavier. So würde niemand etwas hören.

Jetzt holte Sofia sich ihr Schreibheft und setzte sich an den Tisch. Sie ging zwar noch nicht in die Schule, aber sie übte schon mal Rechnen und Schreiben. Das würde den Eltern gefallen und sie ablenken.

Mama und Papa kamen mit Tüten und Taschen bepackt ins Wohnzimmer. „Na, meine Kleine?", sagte Papa und streichelte ihr übers Haar. „Du bist wohl schon fleißig?" Er schaltete das Radio an. Plötzlich schob Mama das Puppenhaus beiseite. „Was soll das denn, Sofia?", fragte sie verwundert und ein bisschen streng. Sofia war ganz rot im Gesicht. Eine Ausrede fiel ihr nicht ein. „Die kleinen Mäuse", murmelte sie und dann erzählte sie alles, was passiert war. Die Eltern saßen mit ihr am Tisch und sahen sie mit großen Augen an. „Aber Kindchen", sagte Papa und sah seine Frau mit einem Augenzwinkern an. „Mäuse in der Wohnung, das geht nun wirklich nicht!" Er machte eine Pause und hüstelte. „Höchstens ein paar Wochen … Und so lange müssen wir alle dafür sorgen, dass die Katze nicht mehr ins Wohnzimmer kommt. Bis sie groß sind und sich davonmachen können. Und nun hole mal die alte Käserinde aus der Küche, sonst verhungern sie uns noch!"

Ritter Bodobert ruft das Abenteuer

Eine Geschichte von Julia Boehme
Mit Bildern von Dagmar Henze

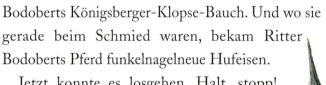

Auf einer Burg lebte einst ein Ritter. Bodobert hieß er. Und er aß für sein Leben gern Königsberger Klopse. Eines Tages spitzte im Stall Bodoberts Pferd die Ohren. „Ritter Bodobert", rief eine geheimnisvolle Stimme. „Ritter Bodobert!" Ritter Bodobert hörte das auch und lief verwundert ans Fenster. „Wer ruft mich?", fragte er und hatte dabei noch einen halben Königsberger Klops im Mund.

„Ich bin's", rief die Stimme, „ich, das Abenteuer." – „Ach so", nickte Ritter Bodobert. „Mich ruft das Abenteuer. Na, dann müssen wir wohl los." Doch bevor Bodobert auf seinem Pferd losreiten konnte, brauchte er erst einmal etwas Vernünftiges anzuziehen. Denn im Schlafrock kann ein Ritter doch nicht durch den Wald ziehen.

Wenn Ritter sich neue Kleidung kaufen, gehen sie nicht zum Schneider. Sie gehen zum Schmied und bekommen eine glänzende Rüstung aus Eisen. Die Rüstung für Ritter Bodobert passte wie angegossen. Selbst um Ritter Bodoberts Königsberger-Klopse-Bauch. Und wo sie gerade beim Schmied waren, bekam Ritter Bodoberts Pferd funkelnagelneue Hufeisen.

Jetzt konnte es losgehen. Halt, stopp! Ritter Bodobert hatte noch etwas vergessen! Seine Lanze? Ach, die hatte er doch schon längst.

Aber die Satteltaschen voller Königsberger Klopse, die mussten unbedingt mit! So ritt Ritter Bodobert auf seinem Pferd über die Zugbrücke in die Welt hinaus. Erst folgte er dem Weg über die Hügel. Und als er nicht mehr weiterwusste, spitzten er und sein Pferd die Ohren. „Ritter Bodobert", rief das Abenteuer von ferne. Und die beiden folgten seiner Stimme.

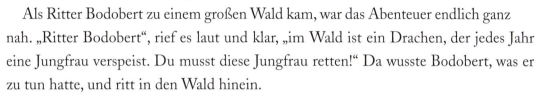

Als Ritter Bodobert zu einem großen Wald kam, war das Abenteuer endlich ganz nah. „Ritter Bodobert", rief es laut und klar, „im Wald ist ein Drachen, der jedes Jahr eine Jungfrau verspeist. Du musst diese Jungfrau retten!" Da wusste Bodobert, was er zu tun hatte, und ritt in den Wald hinein.

Es dauerte nicht lange, bis Bodobert den Drachen fand. Der saß vor seiner Höhle, schleckte sich sein großes Maul und wollte gerade die Jungfrau verspeisen. Oje, was sollte Bodobert nur machen? Seine Lanze war doch viel zu klein für so einen riesigen Drachen!

Doch Bodobert kannte keine Furcht. „Halt", rief er unerschrocken. „Was gibt's?", fauchte der Drache ärgerlich. „Ich hasse es, beim Essen gestört zu werden! Schließlich fresse ich nur einmal im Jahr!" – „Entschuldigung", sagte Ritter Bodobert höflich, „aber schmecken denn Jungfrauen überhaupt? Probiere lieber mal einen von meinen Klopsen!" Bodobert schob dem Drachen seine gefüllten Satteltaschen rüber. Der Drache schnupperte, kostete und verschlang darauf einen Königsberger Klops nach dem anderen. Zum Schluss schleckte er sogar noch die Taschen aus. Dann war der Drache satt und rülpste so laut und herzhaft, wie er noch nie zuvor gerülpst hatte.

„Lecker", schwärmte der Drache. „Ich will jetzt jedes Jahr Klopse haben. Und bleibt mir bloß mit den Jungfrauen vom Hals." Und so wurde es auch gemacht: seither bekommt der Drache Klopse statt Jungfrauen. Ritter Bodobert aber lud die gerettete Jungfrau auf seine Burg zum Abendessen ein.

Ratet mal, was es da wohl gab?

Anna und der Babysitter

Eine Geschichte von Anja Kemmerzell
Mit Bildern von Stefanie Scharnberg

Annas Eltern gehen heute Abend aus und haben einen Babysitter bestellt. Er heißt Jan und ist gerade gekommen. „Das Abendessen steht im Kühlschrank, die Windeln sind neben der Kommode", sagt Papi zu Jan. „Und du", Papi setzt einen strengen Blick auf, „benimmst dich!", mahnt er Anna. „Klar!", sagt Anna. „Das mache ich doch immer."

„Du", sagt Anna zu Jan, „was machst du eigentlich hier?" – „Ich bin der Babysitter", sagt Jan stolz, „ich will später Erzieher werden und da dachte ich mir, ich übe schon mal. Deshalb passe ich heute auf euch auf und bringe euch nach dem Abendessen ins Bett." – „Das geht aber nicht!", ruft Anna. „Nach dem Abendessen gibt's immer ein Spiel UND eine Geschichte und erst dann gehen wir ins Bett! Stimmt's, Nils?" – „Gagagag", sagt Nils. „Versprochen, Anna. Aber jetzt essen wir erst einmal", sagt Jan.

„Sag mal, Anna", meint Jan, „kann Nils eigentlich schon alleine essen?" – „Klar kann der alleine essen!", antwortet Anna. Und als Nils kräftig mit dem Löffel in seinem Brei herumschlägt und es ordentlich spritzt, fügt sie hinzu: „Aber nur, wenn du ihn fütterst." – „Fertig!", sagt Anna, denn sie ist satt. „Gagagag", sagt Nils. Jan kratzt den Brei von der Wand und meint: „Dann überleg dir doch schon mal ein schönes Spiel."

„Ich weiß schon, was wir spielen", sagt Anna. „Aber zuerst musst du Nils eine neue Windel anziehen." Jan hat das noch nie gemacht. „Kommt das blaue Ende jetzt nach vorne oder nach hinten?", überlegt Jan laut. „Weiß ich nicht", sagt Anna. Jan studiert die Windelpackung. „Du, Jan …", beginnt Anna. „Jetzt nicht Anna, ich muss erst einmal herauskriegen, wie rum die Windel gehört." – „Du, Jan …", aber da ist es bereits zu spät und Nils lacht glucksend. „Du, Jan, pass aber auf, weil Nils einen gerne anpieselt." – „Äh, danke, Anna. Jetzt weiß ich Bescheid", seufzt Jan und wischt sich über das Gesicht.

„Ich will jetzt Wildpferd spielen. Das macht Papi immer mit mir und das ist super lustig!", sagt Anna. „Und wie geht das?", fragt Jan. „Ganz einfach: Du

hockst dich auf alle viere. Ich setze mich auf deinen Rücken und wenn ich ‚los' sage, musst du das Wildpferd sein." – „Äh, ob das so eine gute Idee ist?", meint Jan zögernd. „Klar", sagt Anna. „Gagagag", sagt Nils. Und schon geht es los. „Nils, ich glaube, das Wildpferd hat schlappgemacht!", meint Anna. „Gagagag", sagt Nils. Anna sitzt auf Jans Rücken. Aber Jan rührt sich nicht mehr. Er liegt auf dem Boden und stöhnt. „Ich kann nicht mehr, Gnade." – „Manno", mault Anna. „Gerade jetzt, wo du endlich kapiert hast, wie man Wildpferd spielt." – „Tut mir leid. Und dein Papi spielt das wirklich jeden Abend eine ganze Stunde lang?" – „Na ja", sagt Anna. „Ich glaub schon. Aber soo genau kann ich die Uhr auch nicht."

„Ihr müsst jetzt wirklich ins Bett", sagt Jan gähnend. „Nils zuerst", sagt Anna, während sie ins Badezimmer geht, um sich die Zähne zu putzen. „Weißt du eigentlich, dass ich schon Flöte spielen kann?", fragt Anna Jan, als er Nils ins Bett gebracht hat. Doch bevor Jan antworten kann, legt Anna los. Zuerst spielt sie „Alle meine Entchen". Dann „O Tannenbaum". Doch bevor sie „Suse, liebe Suse" spielen kann, meint Jan: „Wirklich sehr schön, Anna, aber jetzt wird geschlafen."

Als Jan gerade das Licht ausmachen will, sagt Anna: „Und jetzt noch eine Geschichte!" – „Aber nur eine, Anna", sagt Jan, der schon ganz kleine Augen hat. „Klar", sagt Anna. „Nur eine", und deutet auf das Buch auf dem Boden. „Was, das ganze Buch?", fragt Jan und sieht ganz blass aus. „Klar", sagt Anna. „Und keine faulen Tricks, von wegen weglassen und so. Ich kenn die Geschichte nämlich auswendig!" Seufzend beginnt Jan zu lesen. Als Mama und Papa nach Hause kommen, schlafen Nils und Anna – und Jan. „Sag mal, Anna", meint Papi am nächsten Morgen. „Ist gestern Abend eigentlich etwas Ungewöhnliches passiert? Jan hat nämlich gesagt, dass er demnächst leider überhaupt keine Zeit mehr zum Babysitten hat." – „Nö", sagt Anna. „Es war wie jeden Abend, stimmt's, Nils?" – „Gagagag", sagt Nils. „Sehr merkwürdig", sagt Papi. „Denn Jan weiß auf einmal nicht mehr so genau, ob er wirklich Erzieher werden will." – „Also ich", sagt Anna, „ich will später mal Cowgirl werden – oder Babysitter."

Zwei kleine Bären helfen dem Hasen

Eine Geschichte von Friederun Schmitt
Mit Bildern von Ulla Bartl

„Guck mal, Brummel, dort drüben am Baum hängt etwas Weißes." Lummel, der kleine Bär, zeigt mit seiner Pfote auf eine hohe Tanne. Als sie näher kommen, entdecken sie einen Zettel, der am Baumstamm befestigt ist: *Habe meinen Pinsel im Wald verloren. Abzugeben beim Kaninchen. Am Waldrand, Hecke 1 – Es gibt einen Finderlohn! Der Osterhase.*

    Die kleinen Bären staunen. „Den Pinsel finden wir schnell", meint Brummel. Und sofort machen sie sich auf die Suche. Sie stöbern in Büschen und Gestrüpp, stecken die Nasen unter Baumwurzeln und in Erdhöhlen. Doch ein Pinsel ist nirgends zu finden. Plötzlich bleibt Lummel stehen: Er hat etwas entdeckt, das aussieht wie ein Pinselgriff. Es ist graubraun und liegt unter einem dicken Stein. Aber als Lummel den Griff hochhebt, bewegt dieser sich schlängelnd und fängt an zu reden: „Lass mich sofort runter." Es ist eine Blindschleiche. Lummel lässt sie fallen. „Ich dachte, du wärst aus Holz", murmelt er verlegen. „Selber Holz", zischelt die Blindschleiche und verschwindet wieder unter dem Stein.

    Die beiden Bären suchen weiter. „Jetzt hab ich ihn!", ruft Brummel aufgeregt. „Siehst du den Pinsel hier unter dem Busch?" Lummel nickt eifrig. Brummel bückt sich und greift danach. Doch schnell zieht er seine Pfote wieder zurück, denn ein lautes Gegacker ertönt: „Was fällt dir ein, an meinen Schwanzfedern zu ziehen. Ich rupfe doch auch nicht an deinem Fell." Ein Auerhuhn taucht unter den Zweigen auf. Es hat unter dem Busch gebrütet.

„Entschuldigung", murmelt Brummel, „wir haben dich mit etwas verwechselt." – „Mich verwechseln, wo ich doch einmalig bin im Wald", sagt das Auerhuhn empört und spreizt seine Flügel. Eifrig suchen sie weiter. „Dort ist der Pinsel", ruft Lummel auf einmal begeistert, „dort, die spitze dunkle Quaste, das ist er bestimmt!" – „Endlich", meint Brummel. Die Quaste schaut aus einem Erdbau hervor. Aufgeregt ziehen die beiden Bären daran.

Wütend faucht sie ein Wiesel an: „Halt, der Schwanz gehört mir." – „Entschuldigung", brummelt Lummel, „wir dachten, du wärst ein Pinsel." – „Ein Pinsel soll ich sein? Dann seid ihr mindestens zwei", antwortet das Wiesel und verschwindet. Die kleinen Bären aber setzen sich ins Moos und überlegen, wie sie den Pinsel überhaupt finden sollen. So ratlos entdeckt sie eine Elster, die vorbeifliegt. „Hallo", sagt sie, „warum brütet ihr vor euch hin wie zwei Vögel auf ihren Eiern?" – „Wir suchen den Osterhasenpinsel und finden ihn nicht", antwortet Lummel. „Wenn's weiter nichts ist", sagt die Elster, „den habe ich in meinem Nest." – „Wie kommt der Pinsel denn dahin?", rufen die Bären aufgeregt. „Er lag auf einer Lichtung", sagt die Elster. „Ich tausche ihn gegen etwas anderes." Verdutzt schauen sich die Bären an. „Wir haben doch nichts", sagt Brummel traurig. „Doch", sagt die Elster und zeigt auf einen glänzenden Knopf an Lummels Hose. Lummel zögert ein bisschen, dann ist er einverstanden. Und die Elster rupft mit einem Schnabelschnapp den Knopf einfach ab. Dann holt sie den Pinsel und gibt ihn den Bären. Zufrieden laufen Brummel und Lummel zum Kaninchen am Waldrand. Sie sind neugierig auf den Finderlohn. Das Kaninchen spielt gerade mit seinen Kindern vor der Hecke. „Ich bringe den Pinsel gleich zum Osterhasen", sagt es.

Das Kaninchen hoppelt davon. Die Bären aber haben alle Pfoten voll zu tun, auf die fünf kleinen Kaninchen aufzupassen. Und es dauert lange, bis sie vom Spielen müde sind. Als die Kaninchenmutter endlich zurückkommt, schlafen die Kinder bei zwei erschöpften und zerzausten Bären. „Gut gemacht", lobt sie das Kaninchen und gibt den Bären ihren Finderlohn: ein großes Honigosterei. „Das haben wir verdient", finden die beiden. Und das Kaninchen findet das auch.

Opas Schlafrezept

Eine Geschichte erzählt und illustriert von Andreas Röckener

Der kleine Seehund Samuel wohnt mit seinen Eltern in einem Haus direkt am Meer. Jeden Abend, wenn Samuel in seinem Bett liegt, hört er das Meeresrauschen. Das Rauschen der Wellen ist Samuels Gutenachtlied. Bald schläft er ein und träumt was Schönes.

Heute Abend sind Mama und Papa ausgegangen. Opa bringt Samuel ins Bett. Aber Samuel kann nicht einschlafen. Das Meer rauscht nicht.

Ohne Meeresrauschen bleibt Samuel wach. Opa geht an den Strand und schaut nach den Wellen. Das Meer ist flach wie ein Spiegel. Keine Welle ist zu sehen. Es ist mucksmäuschenstill. Opa kniet sich auf den Sand. Er holt tief Luft und pustet klitzekleine Wellen ins Meer. Aber ein Meeresrauschen ist das nicht.

Opa zieht sich aus und springt ins Wasser. Er macht Wellen, so viel er kann. Aber es plätschert nur, ein Meeresrauschen ist das nicht.

Opa holt Samuels Badeente. Eifrig paddelt die kleine gelbe Ente durch das Wasser und macht winzige Wellen. Aber ein Meeresrauschen ist das nicht. Das richtige Meeresrauschen ist viel lauter.

Opa seufzt. Er trocknet sich ab und setzt sich an den Strand. Der Mond scheint ihn anzulächeln. „Was gibt es denn da zu lachen?", brummt Opa.

Da schickt ihm der Mond einen hellen Lichtstrahl. So sieht Opa, dass im Sand einige große Muscheln liegen. Opa nimmt sie in die Hand. Er hat eine Idee. Er hält eine an sein Ohr. In den Muscheln ist das Rauschen des Meeres zu hören! Wunderbar! Genau das Richtige für Samuel. Er geht zurück zum Haus.

Samuel liegt noch wach im Bett. „Ich bringe dir das Meeresrauschen", sagt Opa. Dann baut er einen Kopfhörer für Samuel. Samuel lauscht dem Rauschen. „Danke, Opa", flüstert er. Dann schläft er zufrieden ein. Und Opa auch. Samuel träumt von hohen, wilden Wellen …

Die schöne Prinzessin

Eine Geschichte erzählt und illustriert von Ole Könnecke

Es war einmal eine wunderschöne Prinzessin. Die war schöner als jede Blume und jeder Schmetterling. Die war so schön, dass neben ihr sogar die Sonne verblasste. Und weil sie so wunderschön war, hatte sie ein Gesetz erlassen: Jeder, der sich der Prinzessin näherte, musste eine extradunkle Sonnenbrille tragen, um von der Schönheit nicht geblendet zu werden.

Gut, irgendwann war es Zeit für die Prinzessin zu heiraten. Also kamen lauter Prinzen an den Hof, um die Gunst der wunderschönen Prinzessin zu gewinnen. Aber die Prinzessin mochte nicht. „Die sind mir alle nicht schön genug", sagte sie. „Ich will nur einen Prinzen, der genauso wunderschön ist wie ich. Ist ja nicht zu viel verlangt, oder?" Und so wurden alle Prinzen nach Hause geschickt. Nicht weit vom Schloss entfernt lebte ein armer Kesselflicker, der unsterblich in die Prinzessin verliebt war. Jeden Tag kamen abgewiesene Prinzen an seiner Hütte vorbei. Das gefiel dem Kesselflicker. Aber natürlich machte er sich auch Sorgen, dass eines Tages ein Prinz kommen würde, mit dem die Prinzessin zufrieden wäre. Also dachte er nach.

Die ganze Nacht lang dachte er nach, und am Morgen hatte er eine Idee. Er packte ein Paket, in das er extradunkle Sonnenbrillen legte und einen Brief dazu, und das schickte er der Prinzessin. In dem Brief stand: *Sehr geehrte Prinzessin, ich bin ein wunderschöner Prinz und könnte mir vorstellen, Sie unter Umständen zu heiraten. Ich würde gern mal vorbeikommen. Passt es heute Nachmittag um halb vier? Mit freundlichen Grüßen, der wunderschöne Prinz – PS: Sicherheitshalber lege ich ein paar Sonnenbrillen bei, damit niemand von meinem Anblick geblendet wird – na, Sie kennen das ja.*

Pünktlich um halb vier kam der Kesselflicker zu Besuch. „Bist du wirklich so schön?", fragte die Prinzessin, die wegen der extradunklen Sonnenbrille so gut wie nichts erkennen konnte. „Genauso schön wie du", antwortete der Prinz. Dann heirateten sie und wurden sehr glücklich.

Der kleine Schmetterling

Eine Geschichte von Uschi Flacke
Mit Bildern von Eva Muszynski

Endlich ist es Frühling! Die Sonne scheint schon warm, und überall blühen bunte Blumen. Lämmchen springen ausgelassen auf der Wiese herum. Gelbe Küken tippeln über den Hof, und Ferkel wühlen im Matsch. Aber was ist das? Da an dem Zweig am Kirschblütenbaum. Das sieht ja komisch aus! Da schlüpft doch … Richtig! Da ist ein kleiner Schmetterling aus einem Kokon geschlüpft. Das war aber anstrengend!

Er reibt sich die Augen und glättet vorsichtig seine seidigen Flügel. Ein bisschen ungeschickt flattert er auf eine Blume. Er ist ganz erschöpft und muss sich dort erst einmal ausruhen. Dann hat der kleine Schmetterling Hunger. Er flattert übermütig von Blüte zu Blüte – das geht jetzt schon viel besser. Überall nascht er süßen Nektar, bis sein Bäuchlein ganz voll ist. Er hockt sich auf einen Weidezaun und sieht den Lämmern beim Spielen zu.

„Ich will auch einen Freund", denkt der kleine Schmetterling und flattert zu einem großen Tier mit dicken Hörnern. „He, du!", ruft er. „Bist du ein Schmetterling, mit dem ich spielen kann?" – „Du bist aber dumm!", schmatzt das Tier. „Ich bin doch eine Kuh! Hast du etwa Hörner, wie ich?" Der kleine Schmetterling schüttelt enttäuscht den Kopf. Da entdeckt der Schmetterling ein kleines Tier. Es hat keine Hörner, dafür aber Flügel und einen kuschelig weichen Pelz. Der ist gelb-schwarz gestreift. „Hallo, du!", ruft der kleine Schmetterling.

„Bist du ein Schmetterling, mit dem ich spielen kann?" – „Du bist aber dumm!", ruft das pelzige Tier. „Ich bin doch eine Hummel. Oder hast du etwa einen Pelz mit Streifen?" Kopfschüttelnd brummt die Hummel davon. Im Teich entdeckt der kleine Schmetterling ein Seerosenblatt. Und darauf sitzt ein Tier, das hat keine Hörner und kein gestreiftes Pelzkleid, dafür aber ganz schillernde Flügel. „Du bist bestimmt ein Schmetterling, mit dem ich spielen kann!", ruft er begeistert. Aber das seltsame Tier schüttelt den Kopf. „Ich bin doch eine Libelle! Oder kannst du etwa so schnell flitzen wie ich?" Und damit schnurrt das Tier übers Wasser davon.

Am Abend hat der Schmetterling immer noch keinen Freund gefunden, mit dem er spielen kann. Die ersten Sterne blinken schon am Himmel. „Vielleicht sind das da oben ja Schmetterlinge und sie zwinkern mir zu", flüstert er. Er breitet die Flügel aus und holt ganz tief Luft. Wenn man sehr weit fliegen will, braucht man nämlich ganz viel Puste. Plötzlich hört er ein leises Weinen. Er schaut sich um und sieht einen kleinen Marienkäfer auf einem Zweig sitzen.

„Bist du ein Schmetterling?", fragt der kleine Schmetterling. „Nein", schnieft der Marienkäfer und schüttelt traurig den Kopf. „Oder hast du schon mal rote Schmetterlinge mit schwarzen Punkten gesehen?" Der kleine Schmetterling schüttelt den Kopf. „Ach, wenn ich doch Hörner hätte. Und ein schwarz-gelbes Pelzkleid. Und rote Flügel mit schwarzen Punkten, mit denen man richtig flitzen kann." Der kleine Schmetterling und der Marienkäfer rücken ein wenig näher zusammen. „Aber warum bist du denn so traurig?", fragt der kleine Schmetterling. „Ich habe keine Freunde, die mit mir spielen", antwortet der Marienkäfer. Da lacht der kleine Schmetterling. „Wollen wir Freunde sein? Dann können wir zusammen die Wiese erkunden oder gemeinsam tolle Flugmuster in den Himmel zeichnen …" Von nun an hatten die beiden eine Menge Spaß zusammen. Denn Freunde sind doch das Allerbeste, was es überhaupt gibt!

Die Maus und der Elefant

Eine Geschichte von James Krüss
Mit Bildern von Harriet Russell

Ein sehr junger Elefant irrte eines Tages hungrig durch die Stadt, als ihm eine ältere Maus vor die Füße lief, die er beinahe totgetreten hätte. „Können Sie nicht aufpassen, Sie Riesenbaby?", kreischte die Maus. „Wo haben Sie ihre Augen?" – „Im Kopf", erwiderte höflich der Elefant. „Aber sie sind vor Hunger trübe." – „So, so. Sie haben Hunger", murmelte die Maus, die augenblicklich mütterliche Gefühle für das Elefantenjunge entwickelte. „Wenn Sie Hunger haben, liebes Kind, muss man als erfahrene ältere Person wohl etwas für Sie tun. Aber was?" Nachdenklich betrachtete die Maus den langen Rüssel des Elefanten. Dann begannen ihre Barthaare wie ein Radargerät zu kreisen und eine Idee zu empfangen. „Ein Elefant als Haushaltsgerät", sagte sie halblaut zu sich selbst. „Das ist so übel nicht." – „Kommen Sie, Kind!", rief sie dem Elefanten zu. „Ich habe etwas für Sie. Hoffentlich können Sie mit mir Schritt halten." – „Das werde ich schon, Madame", lächelte der Elefant und setzte hinter der eilig trippelnden Maus vorsichtig Fuß vor Fuß. Sie gingen gemeinsam zu einem großen Wohnblock. Hier sagte die Maus: „Wenn Sie mich gütigst auf Ihren Rüssel nehmen würden, mein Kind, könnten wir gemeinsam zum fünften Stock hinaufgehen."

Also nahm der Elefant die Maus auf die Rüsselspitze, sorgte dafür, dass der Rüssel nicht zu stark schwankte, und trug sie in den fünften Stock, wo er auf Geheiß der Maus eine Klingel drückte. Auf das Läuten erschien eine freundliche weißhaarige Dame an der Wohnungstür und sagte: „Guten … oh!" – „Das ist ein hungriger Elefant", erklärte die Maus auf dem Rüssel. „Guten Tag, Frau Pfäfflinger."

Die Dame, die erst jetzt die Maus entdeckte, erwiderte: „Guten

Tag, Frau Fallmayer, wie geht es Ihnen?" – „Man piept sich so durch", piepte die Maus. „Ich wollte Ihnen meinen jungen Freund als Staubsauger empfehlen. Er hat Hunger und braucht eine Stellung." – „Wovon ernähren Sie sich, junger Mann?", fragte die Dame den Elefanten. „Viel brauche ich nicht, gnädige Frau. Zwei Zentner Heu am Tag." – „Welch ein Zufall!", rief die Dame. „Mein Bruder hat ein Gut vor der Stadt. Aber acht Weiden hat er als Sportplätze vermietet. Jetzt weiß er nicht, wohin mit dem Gras, das dort gemäht wird. Und er braucht einen Balljungen für die Tennisspieler. Wie wäre das?" – „Genau das Richtige für meinen Freund. Wie ist die Adresse?" Die Dame erklärte der Maus den Weg, und die Maus blieb auf dem Rüssel sitzen und dirigierte von hier aus den Elefanten genau zu den Sportplätzen, die sie suchten.

Dort waren die Damen und Herren Sportler begeistert über den Elefanten. Er war nämlich nicht nur als Balljunge geeignet, er ersparte obendrein auch die Walze zum Einebnen des Tennisplatzes. Außerdem machte er das lästige Fortschaffen des Heus überflüssig, weil er es fraß. Die Maus hatte ihn genau zur richtigen Zeit an der richtigen Stelle untergebracht.

„Madame, wie soll ich Ihnen danken?", rief der Elefant gerührt. „Indem Sie mich von Ihrem Rüssel herunterlassen", sagte Frau Fallmayer, die Maus. „Ich bin ein bisschen luftkrank geworden, als Sie ihn vor Freude schwenkten." – „Oh pardon, Madame!", rief bestürzt der junge Elefant. „Vor lauter Freude habe ich nicht daran gedacht …" – „Schon gut, mein Kind", unterbrach die Maus ihn. „Hauptsache, Sie sind glücklich und zufrieden." Und das war der Elefant wirklich. Er blieb auch als sportlicher Mehrzweckelefant heiter und zufrieden und ließ jeden Sonntag den Sportlernachwuchs von sechs bis zehn Jahren auf seinem Rücken reiten und auf seinem Rüssel turnen. „Man muss sich als junger Spund eben nur erfahrenen älteren Personen anvertrauen", pflegte er zu sagen, „dann kommt alles von selbst ins Lot!"

Kann Vincent zaubern?

Eine Geschichte von Manuela Mechtel
Mit Bildern von Susanne Wechdorn

Alle rufen immer „Winzi!", wenn sie Vincent meinen. Dabei wird Vincent schon bald vier und ist gar nicht mehr so klein. Natürlich ist er kleiner als seine große Schwester Aurora. Aber Aurora ist auch schon elf! Deshalb muss Vincent auch schon früher ins Bett gehen als seine Schwester. „Gute Nacht, Winzi!", sagt Mama und macht die Tür zu. Vincent starrt an die Decke. Er denkt gar nicht daran einzuschlafen! Heute Nacht will er sich in die Küche schleichen und ein Messer nehmen, das ihm Mama nie gibt! Damit will er sich einen Zauberstab schnitzen. Die Rinde von seinem Zweig muss ab! Wenn er schön glatt ist, funktioniert er auch. Das weiß Vincent ganz genau.

Als Erstes zaubert er sich richtig stark! Das hat Vincent sich vorgenommen. Mindestens so stark wie Papa. Dann zaubert er sich ganz viele Süßigkeiten! Und dann noch einen Elefanten zum Reiten. Vielleicht zaubert er sich auch einen Flug-Dinosaurier zum Fliegen? Der könnte draußen im Baum schlafen. Aus dem Wohnzimmer tönt leise der Fernseher. Vincent fallen schon die Augen zu. Erschrocken reißt er sie wieder auf. Er will nicht einschlafen! Er klettert aus dem Bett und stellt sich ans offene Fenster. Der Mond ist gerade aufgegangen.

Vincent hat noch nie einen so großen Mond gesehen! Er hat ein richtiges Gesicht, mit Augen und Mund. Seine Mond-Augen schauen genau in Vincents Fenster. Vincent guckt lieber zu den kleinen Sternen. Die blinkern und zwinkern oben am Nachthimmel. Dann guckt Vincent wieder zum Mond und hört ihn plötzlich brummen: „Na, Winzi? Du willst also ein Messer?" Erschrocken rast Vincent aus seinem Zimmer raus und gleich in Auroras Zimmer. „Auri!", schreit er und schlüpft unter ihre Bettdecke. „Was ist los?", fragt Aurora. „Hast du etwa Angst?" Vincent schluckt. Er flüstert: „Da draußen, der Mond! Er ist lebendig!"

Zusammen stellen sie sich an Auroras Fenster und betrachten den Mond. Er bewegt sich kein Stück! Und er redet auch nicht. Aurora sagt: „Das, was so aussieht wie ein Gesicht, sind Mondberge und Mondkrater." – „Aber er hat mit mir geredet, Auri!", ruft Vincent. „Ganz bestimmt." – „Quatsch!", lacht Aurora. – „Doch, Auri! Er hat gesagt, dass ich nicht in die Küche gehen und ein Messer nehmen darf." – „Das darfst du auch nicht!", ruft Aurora erschrocken. „Na und!", schreit Vincent. „Ich will aber zaubern! Und dazu muss ich mir einen Zauberstab schnitzen!" – „Psst!", flüstert Aurora. „Pass auf, ich schnitze dir deinen Zauberstab. Und dann wollen wir mal sehen, ob du auch zaubern kannst, Winzi!" – „Natürlich kann ich das!", lächelt Vincent und schmiegt sich an Aurora.

Sie schleichen auf Zehenspitzen in die Küche, vorbei an Mama und Papa. Sie gucken einen Liebesfilm. Aurora nimmt ein Messer aus der Schublade und fängt an, Vincents Zweig abzuschälen. Dabei achtet sie darauf, dass sie immer von ihrer Hand weg schnitzt, nämlich nach vorne. Damit sie sich nicht in die Finger schneidet. „Und wenn er fertig ist, Auri", schwärmt Vincent, „dann zaubere ich Luftkühe! Die wohnen auf den Wolken und sprühen Funken aus den Ohren und Nebeldampf aus ihren Nasenlöchern und fressen Eisblumen!" – „Na, dann mal los!", lacht Aurora und gibt ihm den fertig geschnitzten Zauberstab. Er ist sehr schön geworden. „Abrakadabra!", murmelt Vincent.

Mama und Papa stehen plötzlich in der Küchentür. Sie sehen ziemlich böse aus. Aurora guckt schuldbewusst zu Boden. Vincent lächelt. „Ich kann zaubern", sagt er ruhig, „weil ich jetzt einen Zauberstab hab! Ich verzauber euch jetzt, dann könnt ihr nämlich nicht mehr schimpfen! Abrakadabra! Drei schwarze Kater im Mondbergkrater! Eins, zwei, drei!" Vincent schwingt seinen Zauberstab und pikst ihn zum Schluss in Papas Bauch. Da müssen Mama und Papa lachen, ob sie wollen oder nicht. Vincent will bei Aurora schlafen. Das darf er. Und er bekommt sogar noch einen Gutenachtkuss. Aurora auch. „Wow", sagt Aurora, als sie wieder alleine sind. „Normalerweise hätten wir Riesenärger gekriegt! Winzi, du kannst ja wirklich zaubern!"

Peppo und Peppino

Eine Geschichte von Hannelore Voigt
Mit Bildern von Eva Wenzel-Bürger

Seeräuber Peppo war zwei Meter groß. Er sah aus wie ein Schrank. Er hatte Kraft wie ein Bär. Wenn er sang, dann schallte seine Stimme weit über das Meer. So singen konnte nur ein großer starker Mann. Sein Sohn Peppino war klein und wollte und wollte nicht wachsen. „Du musst essen, damit du groß und stark wirst", sagte Peppo. Er häufte ihm Linsen mit Fisch auf den Teller. „Danke. Ich esse weniger und bleibe lieber klein", sagte Peppino. „Als Seeräuber muss man aber groß sein." – „Ich weiß. Ich werde aber kein Seeräuber. Ich lerne lesen. Später will ich einen Beruf, in dem ich lese." – „Wie können Vater und Sohn nur so verschieden sein?", fragte Peppo sich immer wieder. Sie lebten auf einem Seeräuberschiff mitten im Meer. Am Mast flatterte eine schwarze Fahne. Damit Peppino nicht einsam war, hatte er drei Katzen. Eine weiße, eine schwarze und eine rote. Sie hießen Bianca, Nero und Feuersturm. Er wollte sie alle gleich gern haben, aber Bianca, die weiße, mochte er am liebsten.

Manchmal kamen andere Seeräuber zu Besuch. Dann vergrub sich Peppino in seinem Bett. Auch wenn er die Decke über die Ohren zog, hörte er sie noch reden und singen. Sie tranken ein großes Fass Wein leer und dachten über neue Überfälle nach. Überfälle an Land machte Peppo oft allein. An diesem Freitag hatte er wieder einen Beutezug geplant. Er stieg in das kleine Beiboot und begann zu rudern. Mit der Strömung kam Peppo gut voran. Er schipperte in eine Bucht und ging in die Stadt. Die Häuser waren groß und prächtig. Peppo sah sich Schaufenster an. Eins war schöner als das andere. Uhren oder Schmuck, dachte Peppo. Oder lieber Münzen? Er zählte die Streifen seines

Hemdes ab: Uhren, Schmuck, Münzen, Uhren, Schmuck, Münzen, Uhren … Also gut, Schmuck. Er betrat das Schmuckgeschäft. Ein Verkäufer saß da und las in einem dicken Buch. Langsam stand er auf. „Was wünschen der Herr?", fragte er. Dass Peppo ein Seeräuber war, das hatte er noch nicht bemerkt. „Überfall!", brüllte Peppo mit lauter Stimme. „Gnade", sagte der Verkäufer. „Nehmen Sie, was Sie wollen, es ist mir gleich. Aber lassen Sie mich weiterlesen. Es ist gerade so spannend." – „Vom Lesen spricht mein Sohn auch immer", sagte Peppo und vergaß ganz, dass er einen Überfall geplant hatte. „Wie heißen Sie?" – „Hannibal." – „Also, würden Sie auf meinem Schiff lesen, Hannibal? Es liegt mitten im Meer." – „Gern", sagte Hannibal, „wenn man mich in Ruhe lässt."– „Ruhe werden Sie haben, gutes Essen auch. Und viele Bücher. Dafür bringen Sie meinem Sohn Peppino das Lesen bei."

So kam Hannibal aufs Räuberschiff. Peppino war glücklich. In vier Monaten lernte er lesen. Auch Hannibal war glücklich. Sie lasen und lasen. Mit der Zeit hatten sie so viele Bücher, dass das Schiff zehn Zentimeter tiefer im Wasser lag. An allen Wänden standen Regale mit Büchern. Nur Peppo fühlte sich ausgeschlossen. Er ging auf dem Schiff umher und betrachtete die vielen Buchumschläge. Eines schönen Morgens setzte er sich neben den lesenden Hannibal und wartete. Erst nach einer Stunde schaute Hannibal auf. „Bist du schon lange hier?", fragte er. „Ich muss dich etwas fragen", sagte Peppo verlegen. „Aber bitte lach nicht. Würdest du mir das Lesen beibringen?" So schnell wie Peppino lernte Peppo nicht, aber nach einem Jahr schmökerte auch er stundenlang in einem Buch. Zu den Überfällen hatte er gar keine Lust mehr. „Habt ihr das gewusst?", fragte er. „Heringe fischen bringt auch Geld. Hier steht genau, wie es geht. Die Fische könnten wir verkaufen."

Eines Tages holte Peppo die schwarze Fahne ein. An Deck lag ein neues Fischernetz. „Papa, was bedeutet das?", fragte Peppino. „Das bedeutet: Seeräuber will ich nicht mehr sein", sagte Peppo. „Es bedeutet: Vater und Sohn sind nicht mehr so verschieden."

Hansi Hase ist kein Angsthase

Eine Geschichte erzählt und illustriert von Heribert Schulmeyer

Als der Mond eines Abends so hell ins Zimmer schien, bekam Hansi Angst. Außerdem hörte er komische Geräusche. „Ich habe Angst!", jammerte Hansi. „Hasen haben keine Angst", antwortete Papa Hase, der sich zu ihm auf die Bettkante gesetzt hatte, müde.

„Aber ich höre so komische Geräusche!", sagte Hansi. „Komm mit", sagte Hansis Vater und ging mit ihm durch das ganze Haus. „Da oben im Dach knacken nachts die dicken Balken. Davor brauchst du keine Angst zu haben. Das laute Tick und Tack kommt von der Standuhr. Das hörst du doch auch tagsüber!", erklärte Papa, als sie ins Wohnzimmer gingen. In der Küche sagte Papa Hase: „Deine Oma hat den Wasserhahn nicht richtig zugedreht, deshalb macht es plitsch-platsch!" Papa Hase wusste alles. „Wenn draußen der Wind bläst, klappern die Fensterläden!", beruhigte er Hansi draußen vor dem Haus. „Hu-hu-hu macht ein Käuzchen hinten auf dem Baum!"

„Aber da ist noch etwas!", flüsterte Hansi und zog an Papas Schlafanzug. Und dann hörte Hansis Vater es auch. Es kam von hinter dem Haus! Vorsichtig gingen sie in die Richtung, aus dem das Geräusch kam, und dann sahen sie es. Onkel Horst lag in der Schubkarre und schnarchte wie ein Drache. „Der hat den Weg nach Hause nicht gefunden", brummte Hansis Vater amüsiert. Gemeinsam brachten sie Onkel Horst in sein Bett und später durfte Hansi zwischen Papa und Mama schlafen, weil er inzwischen kalte Füße bekommen hatte.

Mein großer Freund Walter

Eine Geschichte erzählt und illustriert von Erhard Dietl

Mein Freund Walter ist groß wie ein Riese und stark wie ein Löwe. Walter hilft mir immer, wenn unser Hausmeister mit mir schimpft. Er sagt dann einfach, dass er es war. Im Supermarkt holt mir Walter die Dosen von ganz oben aus dem Regal.

　Manchmal spielen wir Pirat. Dann ist Walter mein Schiff und wir fahren hinüber zu den Sandstrand-Inseln. Wenn ich beim Essen mal etwas nicht mag, dann isst Walter immer alle Reste auf. Beim Fernsehen darf ich Walters Hand halten, vor allem dann, wenn es gruselig wird. Und am Abend erzählt er mir Geschichten, bis ich eingeschlafen bin. Auf dem Weg zur Schule passt Walter außerdem auf mich auf. Er hält zum Beispiel die Autos an, wenn wir über die Straße laufen. Und auch beim Versteckspielen haben wir immer viel Spaß.

　Nur manchmal geht es Walter schlecht. Dann mache ich ihm Tee und eine Wärmflasche. Und ich lese ihm viele Geschichten vor, damit er ganz schnell wieder gesund wird!

Der Bolzplatz

Eine Geschichte erzählt und illustriert von Daniel Kratzke

Bille, Hanna und Selda, die Mädchen vom Klub „Die torreichen Drei" hatten gerade mit ihrem Aufwärmtraining begonnen, als plötzlich Philipp aus der Parallelklasse mit seinen beiden Freunden Tim und Benni auf dem Bolzplatz auftauchte.

„Seit wann können Mädchen Fußball spielen? Müsst ihr nicht irgendwo Blumen pflücken oder Ponys striegeln?", stänkerte Philipp. „Wir wollen nämlich jetzt hier kicken!", rief Tim. „Genau, das ist unser Bolzplatz!", mischte sich auch Benni ein.

„Der Platz hier ist für alle da! Und überhaupt: Warum haben Jungs immer so eine große Klappe?", erwiderte Bille leicht genervt. „Außerdem waren wir zuerst hier!", meinte Hanna. Selda fand die Jungs einfach nur peinlich. Wie sie so dastanden und sich über die Mädchen lustig machten.

Da machte Philipp einen Vorschlag: „Wir spielen gegeneinander, und wer gewinnt, dem gehört der Platz! Und der Verlierer muss in Zukunft woanders spielen!" – „Zum Beispiel auf der Hundewiese im Stadtpark!", meinte Benni grinsend und hielt sich die Nase zu, weil er an die vielen Hundehaufen dachte, die dort herumlagen. „Wollt ihr nicht lieber gleich aufgeben?", fragte Tim spöttisch. Bille wurde langsam richtig sauer: „Aufgeben? Kommt nicht in Frage! Wir spielen – aber nur mit einem Schiedsrichter!"

„Opa Wegener, hätten Sie kurz Zeit?", fragten die Jungs Herrn Wegener, der gerade mit seinem Hund vorbeikam. „Wir bräuchten einen Schiri!" – „Klar, Jungs. Aber ist das nicht unfair … gegen Mädchen?!" – „Das werden wir ja gleich sehen!", rief Selda entschlossen und sprintete schon mal ins Tor. Es waren kaum fünf Minuten gespielt,

als Hanna das erste Tor für die Mädchen schoss. Benni protestierte: „Das Tor gilt nicht! Äh, das war Abseits!" Hanna verdrehte nur die Augen: „Ach, Benni, dann erklär doch erst mal, was das ist!" Jetzt wollte Benni es genau wissen: „Opa Wegener, war das Abseits?" – „Nö, das war ein klares Tor für die Mädchen! Weiter geht's!"

Aber auch die Jungs konnten Fußball spielen und schafften kurz darauf den Ausgleich zum 1:1. Es ging hin und her: Nicht lange nach dem Ausgleichstreffer erzielte Philipp, nach tollem Zuspiel von Benni, auch noch das 2:1. Opa Wegener kam von dem Gerenne über den Bolzplatz ganz schön ins Schwitzen. Philipp flankte zu Benni, der aber leider nur den Torpfosten traf. Selda musste im Tor jetzt aufpassen. Hanna verdribbelte sich fast im Strafraum der Jungs, schoss dann aber doch noch das 2:2. Ein weit gespielter Pass von Selda erreichte Bille zwar zuerst auf dem falschen Fuß, dennoch konnte sie verwandeln. Dann kam der Abpfiff.

Die Mädchen gewannen 3:2 und feierten ihren Sieg. „Ihr könnt ja mit dem Bus zum Stadtpark fahren, so erschöpft, wie ihr aussieht", stichelte Selda. Die Jungs ließen ihre Köpfe hängen und wollten möglichst schnell verschwinden. „Vielleicht solltet ihr dort aber besser in Gummistiefeln spielen!", schlug Hanna grinsend vor. „Das war so abgemacht, Jungs! Nehmt es sportlich!", versuchte Opa Wegener die drei abziehenden Verlierer aufzumuntern.

„Wartet doch mal!", rief Bille den Jungen da hinterher. „Ihr habt ja gar nicht so schlecht gespielt … für Jungs!", fuhr sie fort. „Ihr auch nicht … für Mädchen!", antwortete Philipp etwas verlegen. „Dann lasst uns doch öfter zusammen spielen!", schlug Selda vor. „Ja, äh gern – wenn ihr uns lasst …", stammelte Benni etwas unsicher, als die drei Jungs wieder zurück auf den Platz kamen. „Klar!", rief Hanna. „Wie wir schon sagten: Der Bolzplatz ist für uns alle da!"

Aufregung im Zwergenwald

Eine Geschichte von Anke Bittner
Mit Bildern von Eva Zeidler und Manfred Rohrbeck

Es war ein sonniger Frühlingsmorgen, als der kleine Zwerg Flitz sich in seinem Moosbett reckte und streckte. Jemand bimmelte an der Glockenblume vor seiner Tür. Verschlafen rieb sich Flitz die Augen und schlurfte zur Tür. „Guten Morgen!", begrüßte ihn jemand fröhlich. Es war Poldi, der Postbote. „Hier ist ein Brief für dich, Flitz!"

Flitz nahm den Brief und schaute auf den Absender. „Oh, der ist von Friederike!" Flitz öffnete den Brief so hastig, dass er ihn beinahe mittendurch gerissen hätte. Dann las er, was seine allerliebste Zwergenfreundin geschrieben hatte.

Lieber Flitz,
hoffentlich ergeht es dir genauso gut wie mir! Ich besuche dich übermorgen.
Kannst du für Vergnügen sorgen?
Und natürlich viel zu essen, doch das wirst du nicht vergessen.
Viele Grüße!
Und zum Schluss kriegst du einen dicken Kuss!
Deine Friederike

Flitz las den Brief zum zweiten Mal. „Ich besuche dich übermorgen …", hmm, wann hatte Friederike den Brief denn geschrieben? Da, das Datum war von vorgestern! Flitz begann zu rechnen. O nein, nun war „übermorgen" schon heute. Jetzt konnte man sehen, woher Flitz seinen Namen hatte. Wie ein Wirbelwind sauste er durch sein klitzekleines Pilzhaus. Er holte frisches Moos für das Besucherbett, wusch das Geschirr und wischte den Fußboden. Dann lief er in den Garten, pflückte frische Kräuter und füllte eine große Kanne mit den Tautropfen, die auf den Blättern und Grashalmen glitzerten. Als auch noch frische Blumen im Zimmer standen, war er zufrieden.

„So!", sagte Flitz. „Und nun gehe ich los und lade für heute Abend alle Freunde ein." Schon war der schnelle Zwerg unterwegs zu allen

Pilzhäusern in der Nachbarschaft. „O ja, wir kommen gern! Das wird ein Spaß!", freuten sich die anderen Zwerge. Zu Hause setzte Flitz sich auf seine rote Bank und begann zu warten. Eine Stunde, zwei Stunden. Der kleine Zwerg wurde unruhig. Schließlich hielt er es nicht mehr aus und ging los, um Friederike entgegenzugehen.

Als er etwa den halben Weg zurückgelegt hatte, blieb er plötzlich stehen und horchte. Hatte nicht jemand gerufen? Da! „Hilfe, Hilfe!" Das war doch Friederike. Flitz begann zu laufen. Als er um die Wegbiegung kam, sah er Friederike im Graben neben der Straße sitzen. „Oh, Flitz, wie gut, dass du da bist!", schluchzte Friederike. „Ich kann nicht aufstehen, mein Bein tut so weh."

„Zeig mal her!" Der Zwerg sah sich das Bein genauer an. „Hm, vielleicht ist es gebrochen? Ich werde dir helfen. Aber wie ist das nur passiert?" – „Ach, ich gehe hier entlang, da kommt plötzlich ein dicker Laubfrosch aus dem Gras gehüpft und springt mich einfach über den Haufen! Dabei habe ich mir das Bein an einem Stein gestoßen. – Au!" Gestützt von ihrem Freund, humpelte Friederike bis zu Flitz' Haus. Dann stellte der Zwerg seiner Freundin einen bequemen Sessel in den Garten, von dem aus sie zusehen konnte, wie er alles für die Feier schmückte. Da wurden kleine Lampionblumen aufgehängt und der große Gartentisch gedeckt.

Bald klingelte es an der Glockenblume, und die ersten Gäste kamen. Das gab ein Hallo und Erzählen! Nach dem Essen begann die Feier erst richtig. Sie spielten Fangen und Verstecken und „Hänschen, piep einmal". Friederike hatte viel Spaß, obwohl sie bei den meisten Spielen nicht mitmachen konnte.

Als der Mond am Abend mit großen Augen über den Hügel guckte, sah er das Zwergenvolk um ein kleines Lagerfeuer sitzen. „Ach, mein Flitz", sage Friederike und lehnte sich an seine Schulter, „nirgends auf der Welt kann es schöner sein als an einem Frühlingsabend bei dir im Zwergenwald!" Und mit diesen Worten schlief sie einfach ein.

Die Prinzessin sucht ihren Teddy

Eine Geschichte von Ruth Gellersen
Mit Bildern von Miriam Cordes

Eines Morgens wachte Prinzessin Lea in ihrem Bett auf und wusste sofort: Etwas war anders als sonst. „Wo ist mein Teddy?", dachte sie. Sie wühlte zwischen den Kissen und Decken, doch der Teddy blieb verschwunden. Prinzessin Lea stürmte aus dem Zimmer, so dass die alte Ritterrüstung neben ihrer Tür krachend zu Boden fiel.

Aus dem königlichen Schlafgemach drang lautes Schnarchen: Die Königin und der König schliefen noch in ihrem großen Himmelbett. Prinzessin Lea schlich hinein und sah sich um. Hier war ihr Teddy nicht, nur zwei Kronen auf den Nachttischen und die königliche Hofkatze, die unter dem Bett mit Wollmäusen spielte.

Im Turmzimmer lieferten sich die drei Prinzen gerade eine Kissenschlacht. „Habt ihr meinen Teddy geklaut?", brüllte Prinzessin Lea. „Nein", antworteten ihre Brüder und warfen ein Kissen nach ihr. „Wir haben deinen Teddy nicht."

Besorgt eilte Prinzessin Lea zum Thronsaal, in dem die Königin und der König das Land regierten. Sie nahm Anlauf und schlitterte über die Marmorfliesen bis zum Thron. Doch dort lag nur der Reichsapfel des Königs herum und kein Teddy. Prinzessin Lea rannte in die königliche Küche. „Habt ihr meinen

Teddy gesehen?", fragte sie die Küchenjungen und Köche. „Leider nicht", brummte der Oberkoch und bot ihr eine frisch gebackene Brezel an. Doch Prinzessin Lea wollte keine Brezel, sondern ihren Teddy.

Prinzessin Lea suchte überall im Schloss, im Garten, in den Pferdeställen. „Jetzt bleibt nur noch der Keller", seufzte sie. Das Betreten des königlichen Kellers war ihr eigentlich streng verboten. Aber es half nichts, in einem unbeobachteten Moment schlich sie mit einer Kerze die dunkle Treppe nach unten.

Im Keller stapelten sich riesige Weinfässer und uralte Thronsessel. Mutig stapfte Prinzessin Lea an dem großen Vorratsregal entlang, hinter dem es zischelte und raschelte. Doch nirgendwo entdeckte sie den Teddy. Plötzlich blies ein Luftzug die Kerze aus. Erschrocken blieb Prinzessin Lea stehen: Wie sollte sie im Dunkeln ihren Teddy finden? Und den Weg aus dem Keller? Sie wollte gerade anfangen zu weinen, da spürte sie etwas Weiches an ihrer Wange.

„Mein Teddy!", rief Prinzessin Lea überrascht. Vor ihr stand das Schlossgespenst. „Entschuldige bitte", sagte es verlegen. „Ich hab mir den Teddy ausgeliehen, damit ich nicht allein herumspuken muss. Hier hast du ihn wieder, er ist sowieso viel zu ruhig." Glücklich drückte Prinzessin Lea ihren Teddy an sich.

„Kannst du die Kerze wieder anzünden?", fragte Prinzessin Lea. „Nein", erwiderte das Schlossgespenst, „aber ich kenne einen Geheimgang, der direkt zu deinem Zimmer führt." Es lief mit der Prinzessin treppauf, treppab.

Schließlich stemmte sich das Schlossgespenst gegen eine unscheinbare Holztür. Etwas dahinter schepperte und klapperte. „Was ist das?" – „Ach, das ist die olle Ritterrüstung", meinte Prinzessin Lea und schob die Tür auf.

„Genau das, was ich zum Spuken brauche!", rief das Gespenst begeistert. „Die kannst du gern haben", sagte Prinzessin Lea und schenkte sie ihm. Es war überhaupt keine Schlafenszeit. Doch Prinzessin Lea war auf einmal sehr müde. Sie krabbelte in ihr Bett und schlief ein, den Teddy fest im Arm.

Unser erster Schultag

Eine Geschichte von Simone Nettingsmeier
Mit Bildern von Frauke und Patrick Wirbeleit

Emil hat kaum geschlafen. Vor Aufregung. Denn heute ist sein erster Schultag. Papa hat sich dafür extra einen Tag freigenommen. Auch Oma und Opa wollen kommen. Emil springt früh aus dem Bett und guckt aus dem Fenster. Ob Alina wohl schon aufgestanden ist?

Alina ist seine beste Freundin. Sie kommt heute auch in die Schule. Emil holt schon mal seinen neuen Ranzen hervor. Einen roten mit Rennautos darauf. Den Ranzen hat er mit Mama und Papa gekauft. Schnell packt er seine Schulsachen hinein: eine Federmappe mit vielen Stiften, den Malkasten, die Wachsmalkreide und die Schreiblernhefte.

„Emil, das Frühstück ist fertig", ruft Mama aus der Küche. Sie hat ihm ein leckeres Tomatenbrot gemacht und dazu eine Tasse warmen Kakao. Tomatenbrot ist sein Lieblingsbrot. Aber Emil bekommt vor Aufregung keinen Bissen herunter.

Es klingelt an der Tür. Oma und Opa kommen. Sie haben ihm eine große bunte Schultüte mitgebracht. „Was ist denn da drin?", will Emil wissen. „Nach der Schule darfst du sie auspacken", sagt Opa und lacht. Jetzt muss Emil sich anziehen. Die Anziehsachen hat er gestern mit Mama schon ausgesucht. Er zieht seinen Lieblingspulli an. Und die gute Hose. Papa schaut auf die Uhr. „Nun wird es aber wirklich Zeit", sagt er. Emil muss schnell noch mal zum Klo und dann können sie losgehen.

Emil hat den Schulweg schon ein paar Mal mit Mama geübt. Stolz zeigt er Oma und Opa, wo sie langsam gehen und aufpassen müssen.

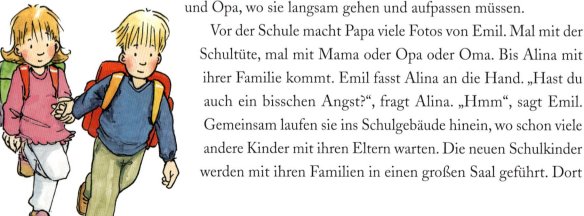

Vor der Schule macht Papa viele Fotos von Emil. Mal mit der Schultüte, mal mit Mama oder Opa oder Oma. Bis Alina mit ihrer Familie kommt. Emil fasst Alina an die Hand. „Hast du auch ein bisschen Angst?", fragt Alina. „Hmm", sagt Emil. Gemeinsam laufen sie ins Schulgebäude hinein, wo schon viele andere Kinder mit ihren Eltern warten. Die neuen Schulkinder werden mit ihren Familien in einen großen Saal geführt. Dort begrüßt sie der Direktor. Dann singen alle ein Lied, bei dem sie klatschen und mit den Füßen trampeln. Emils Angst ist wie weggeblasen – er findet seinen ersten Schultag jetzt schon toll.

Nun kommen drei Lehrerinnen auf die Bühne. Nacheinander rufen sie die Namen der Kinder auf, die zu ihnen in die Klasse kommen. Emil und Alina sind in einer Klasse. Das haben sie sich gewünscht. Ihre Lehrerin heißt Frau Hellweg.

„Die sieht aber nett aus", flüstert Emil Alina zu. Das findet Alina auch. Sie gehen mit Frau Hellweg in ihr Klassenzimmer. Darin gibt es eine große Tafel und viele Tische. Alle Kinder dürfen sich einen Platz aussuchen. Emil setzt sich natürlich neben Alina.

Frau Hellweg erzählt ihnen eine schöne Geschichte. Dann gibt sie jedem Kind einen Stundenplan. Ab morgen hat Emils Klasse jeden Tag vier Stunden Unterricht.

Nach der ersten Stunde holen alle Eltern ihre Kinder wieder ab. Endlich darf Emil in seine Schultüte gucken. Ein knallrotes ferngesteuertes Auto ist darin. Es sieht fast so aus wie das auf seinem Ranzen. Emil freut sich sehr darüber und nimmt Opa in den Arm.

„Schade, dass der erste Schultag schon vorbei ist", sagt Emil zu Alina. „Ja", sagt Alina. „Aber morgen ist dann einfach unser zweiter erster Schultag." Und dann rennen sie lachend nach Hause.

Eulilia feiert Geburtstag

Eine Geschichte erzählt und illustriert von Sven Leberer

„Jetzt wird es aber Zeit, ins Bett zu gehen", dachte Eulilia, die Eule. Sie gähnte, reckte und streckte sich. Der Hahn krähte, und die Sonne ging auf. Das war eine lange Nacht gewesen. Eulilia hatte die ganze Zeit am Klavier gesessen und Musik gespielt. Jetzt war sie müde, aber auch sehr zufrieden. Nun begann ein neuer Tag und damit für eine Eule die Schlafenszeit. Eulilia putzte sich noch die Zähne und ging dann ins Bett. Es dauerte keine Sekunde, und sie war tief und fest eingeschlafen.

Wenig später wurde sie auch schon wieder von einem lauten Konzert von Fahrradklingeln und Hupen geweckt. Die anderen Tiere konnten nicht verstehen, dass eine Künstlerin ihren Schlaf brauchte. „Euliliaaa, herzlichen Glückwunsch zum Geburtstag!" „Geburtstag? Was? Wer? Wie?" Eulilia ging hinaus auf den Balkon. Uhh, war das hell! Sie setzte sich ihre Sonnenbrille auf, um überhaupt etwas sehen zu können. Die Freunde schauten zu ihr hoch.

Jetzt fiel es ihr ein, heute war ja ihr Geburtstag! Und wie jedes Jahr wollten alle Bewohner des Baumes einen Geburtstagsausflug machen. „Beeil dich, Eulilia, wir wollen los!", rief der Dachs. „Jaha, ich komm ja schon", antwortete sie. Eulilia versuchte sich zu beeilen. Leider stolperte sie über ihr Kissen und blieb darauf liegen. Das Kissen war noch warm und so schön weich. Sofort schlief sie wieder ein. Nach einiger Zeit gingen die Freunde in Eulilias Wohnung, um nachzusehen, wo die Eule blieb. Eulilia war viel zu müde, ihre Sachen zu packen. Also flitzte der Hase los, um das Fahrrad zu holen. Der Igel nahm das Akkordeon, denn Eulilia sollte wie immer Musik machen. Die Mäuse und die Eichhörnchen holten die Noten und der Dachs und der Frosch halfen Eulilia die Leiter runter und setzten sie auf ihr Fahrrad. Jetzt konnte es losgehen.

Aber Eulilia klappten vor Müdigkeit die Augen zu. „Es gibt nur eine Möglichkeit", sagte der Dachs, „Eulilia muss auf den Fahrradanhänger." Die Eule war nicht gerade unglücklich darüber, auf dem Anhänger zu liegen und vom Dachs gezogen zu werden. Aber der stöhnte ganz schön, denn Eulilia war nicht gerade leicht. Sie kamen ohne weitere Zwischenfälle an den Mühlenweiher, wo die Freunde ein großes Geburtstagspicknick machen wollten. Der Dachs legte Steine zu einem Kreis, der Igel und das Eichhörnchen suchten Holz für das Feuer, auf dem die Würstchen gegrillt werden sollten. Alle Tiere hatten von der anstrengenden Radtour Hunger bekommen. Nur Eulilia, die schon wieder eingeschlafen war, bekam von alldem nichts mit.

Als es aber lecker nach Würstchen roch, wurde Eulilia munter. „Halt!", rief der Dachs. „Zuerst brauchen wir noch Teller, Besteck und Becher. Wer nicht geholfen hat, bekommt auch keine Würstchen." In Windeseile sauste Eulilia los. Im Nu war alles gedeckt und Eulilia saß vor ihrem Teller, hatte eine Serviette um den Hals gebunden und Messer und Gabel in den Flügeln. „Fertig!", rief sie. „Wo ist mein Würstchen?" Nachdem sich Eulilia satt gegessen hatte, streckte sie sich im Gras aus und schlief wieder ein. Der Platz aber, den sich Eulilia für ihr Schläfchen ausgesucht hatte, war dicht an der Uferböschung. Und als sie sich dann im Schlaf umdrehte, begann sie zu rollen. Sie kugelte den Abhang hinunter und landete mitten im Weiher. „Hilfe, ich kann doch nicht schwimmen!", jammerte sie lautstark. Mit einem riesengroßen Satz sprang der Frosch in den See und rettete sie. „Danke", prustete sie, „es ist doch gut, wenn man einen Frosch zum Freund hat."

Jetzt endlich war Eulilia wach. Und sie griff zu ihrem Akkordeon, um Musik zu machen. Mit jedem Lied, das sie spielte, wurde sie munterer. Als Erster musste sich der Dachs ausruhen. Den Anhänger mit Eulilia zu ziehen war doch sehr anstrengend gewesen. Als Nächster war der Frosch eingeschlafen, denn so eine Wasserrettung machte ordentlich müde. Und auch die anderen Tiere schliefen nach und nach ein. Nun war Eulilia die Einzige, die noch wach war.

„Ein prima Geburtstag", dachte Eulilia, „aber immer wenn es am schönsten ist, schlafen die anderen ein."

Quek, das Froschgespenst

Eine Geschichte erzählt und illustriert von Hagen Mathes

Im Dorfteich, tief unten auf dem Grund, lag Burg Quakenstein. Es war ein großes Schloss, gebaut aus Schilfrohr und Schlamm. Mit hohen Türmen aus alten Stiefeln. Wie es sich für ein anständiges Schloss gehörte, hatte es einen Froschkönig. Eine Froschmamsell, ein Froschfräulein und zwei Froschritter. Es gab einen großen Hoffisch und ein Froschgespenst. Das hieß Quek.

Quek war der jüngste Spross einer großen Familie. Er liebte es, durch die Gänge zu sausen und Unfug zu treiben. Einmal versteckte er sich in einem großen Entengrützesuppentopf. Dort produzierte Quek so viele Blubberblasen, dass der Suppentopf überlief. „Quek, du Schmutzfink", meinte die Froschmamsell. „Nimm einen Scheuerlappen und mach alles wieder sauber!"

So war es immer. Alle in der Burg kannten Queks Späße. Niemand wollte sich mehr vor ihm fürchten. Da half kein Kettenrasseln und Durch-die-Wände-gehen. Verzweifelt bestellte sich Quek deswegen aus Großvaters Katalog für Gespensterbedarf den Zaubertrick „Glimmen, Glühen, Leuchten". Auf den vergilbten Papierzetteln, die er eine Woche später bekam, las Quek: „Schließe die Augen, blase die Backen auf und denke fest an die strahlende Sonne."

Er probierte in der gleichen Nacht diesen Zaubertrick im Schlafzimmer des Froschkönigs aus. Doch der König drehte sich im Bett um und sagte: „Mach das Licht aus, Quek. Ich muss morgen arbeiten." Ein Froschgespenst, vor dem sich niemand fürchtete, war kein richtiges Froschgespenst. Und Quek war schrecklich unglücklich. „Als ein gutes Froschgespenst muss ich doch jemanden erschrecken", sagte Quek und dachte an seinen Opa, den Großmeister des Gruselns. Da kam aus dem Burghof ein lauter Schrei. „Der Storch! Der Storch!", rief jemand. Aufgeregt rannte das Froschfräulein zum Froschkönig. „Der Storch sitzt oben am Teichrand, Herr König! Ich machte gerade meinen Spaziergang, da sah ich ihn über mir. Ich bin gerade noch entkommen." Schnell wurde der ganze Hofstaat zum großen königlichen Froschrat einberufen. „Wir müssen etwas tun", quakte der König sorgenvoll. Er sandte seine tapferen Ritter aus. Doch diese kamen müde und verletzt zurück. „Wir konnten ihn nicht vertreiben, er ist zu groß, zu stark und zu schnell."

So schickte der König seinen Hoffisch aus, den Storch zu vertreiben. Doch auch er kam unverrichteter Dinge zurück. Quek hatte alle Gespräche belauscht. Er saß mitten in der Krone des Königs. Keiner wusste eine Lösung.

Da krachte es im Gebälk. Der große, rote Storchenschnabel sauste auf den Froschkönig herab und packte ihn. Schwupp, hatte der Storch den Froschkönig aus dem Wasser gezogen und mit ihm die Krone und Quek. „Loslassen", schrie der König. Er zappelte mit Armen und Beinen. Ich muss den König befreien, dachte Quek. Er hüpfte auf den Schnabel des Storches und blickte ihm direkt in die Augen. Dabei fiel ihm der Zauberspruch aus Opas Katalog ein. Quek blies seine Backen auf und murmelte: „Sonne … Sonne … Sonne" vor sich hin. Zuerst glimmte das Froschgespenst kaum sichtbar. Dann leuchtete es immer mehr, bis schließlich sein ganzer Körper glühte. Quek strahlte so hell, dass der Storch geblendet war. Vor Schreck ließ er den König aus seinem Schnabel fallen. „Das gibt es doch nicht!", rief der Storch entsetzt. „Ein leuchtender Frosch!?"

Quek aber sprang mit einem großen Satz zurück in den Teich. Endlich hatte sich jemand vor ihm gefürchtet und Burg Quakenstein hatte er auch gerettet. Dafür ernannte ihn der König zum ‚obergruseligen Froschgespenst' und jeder musste sich ab sofort erschrecken, wenn Quek ihm einen Streich spielte.

Der kleine Zauberer

Eine Geschichte von Simone Nettingsmeier
Mit Bildern von Kerstin M. Schuld

Ding-dong, tönt die Hausklingel. Darauf hat Paul nur gewartet. Er reißt die Tür auf und strahlt übers ganze Gesicht. Maja ist gekommen – die coolste Tante der Welt!

„Na, darf ich reinkommen?", fragt Maja und reicht ihm ein Päckchen. „Ich hab dir auch was mitgebracht." – „Danke!", ruft Paul und reißt das Geschenkpapier auf. Da kommt ein Zauberkasten zum Vorschein. „Oh, jetzt kann ich richtig zaubern", freut sich Paul. „Das zeigst du uns später", sagt Maja und geht zu Mama in die Küche.

Paul saust in sein Zimmer. Da wohnt auch sein Kaninchen Puschel. „Schau mal, was alles in dem Zauberkasten drin ist", sagt Paul zu Puschel. „Ein Zauberkostüm, ein Zauberstab und magische Tücher, die man verschwinden lassen kann! Jetzt brauche ich nur noch ein paar Sachen, dann können wir echte Kunststücke üben", sagt Paul und läuft in den Flur. Da findet er Opas alten Sonnenhut, der ihn auf eine tolle Idee bringt. Paul entfaltet den Zauberhut und bindet sich den Sternenumhang um. Dann nimmt er sich die magischen Tücher vor. Er knotet sie aneinander und stopft sie in seine Faust. „Diese Tücher lassen sich ganz klein zusammendrücken", erklärt Paul dem Kaninchen. Und dann probiert er, wie er die Tücher hervorzaubern kann.

„Jetzt zu dir", sagt Paul zu Puschel. „Du wirst jetzt weggezaubert."Er nimmt das Kaninchen und setzt es in Opas Sonnenhut. Doch das Verschwindenlassen will noch nicht so ganz klappen. Deshalb

versucht Paul erst mal, seinen Teddy hinter der roten Decke unsichtbar zu machen. Paul hat beim Üben ganz die Zeit vergessen. Plötzlich stehen Mama und Maja in der Tür. „Hey, gibst du uns eine Vorstellung als Zauberer?", fragt Maja. „Au ja", ruft Paul. „Am liebsten noch heute!" – „Gut", sagt Mama. „In einer Stunde, wenn Julian und Papa da sind."

„Hereinspaziert, hereinspaziert", tönt es später aus dem Kinderzimmer. Doch als die Zuschauer eintreten, ist Paul nicht zu sehen. Nur sein Wäschekorb steht mitten im Raum. Und davor ein Kassettenrekorder, aus dem jetzt Musik erklingt. „Abrakadabra", ist aus dem Wäschekorb zu hören. Dann hebt sich der Deckel und Paul steigt heraus. Er murmelt einen Spruch und klopft mit dem Zauberstab dreimal an Opas Hut. Der wackelt sowieso schon sehr verdächtig. Und schwupps, lugt Puschel darunter hervor.

„Super Trick!", ruft Mama verzückt. Jetzt stopft Paul die magischen Tücher in die rechte Hand. Wieder nimmt er den Zauberstab und klopft vorsichtig auf die Hand. Schon kann er eine elegante Tücher-Kette daraus hervorziehen. Mama und Papa sind begeistert.

Als Letztes versucht Paul, den Teddy hinter der Decke unsichtbar zu machen. Das funktioniert nicht so gut, aber trotzdem erntet er riesigen Applaus. „Vielen Dank", sagt Paul und verbeugt sich mit leuchtenden Augen. Was für ein schöner Nachmittag!

„Jetzt muss ich aber nach Hause", sagt Maja, als Paul seine Vorstellung beendet hat. „Ich lass dich einfach verschwinden", lacht Paul und murmelt „Abrakadabra …"

„Hilfe", ruft Maja, „mach bloß kein Kaninchen aus mir!"

Das kleine, dicke Pony

Eine Geschichte von Ruth Gellersen
Mit Bildern von Katherina Lindenblatt

Fritzi ist unterwegs zum Ponyhof. „Hüa!", ruft sie und tritt in die Pedale ihres Fahrrades. Fritzi ist spät dran: Den Ausritt heute will sie auf keinen Fall verpassen! Und sie stellt sich vor, wie sie alle über die Wiesen galoppieren … Auf dem Ponyhof haben die anderen Mädchen schon ihre Pferde für den Ausritt vorbereitet. Fritzi begrüßt jedes Pony: Annabella, Fantasia, Kleopatra und Goldmähne. „Tut mir leid", sagt die Reitlehrerin, „fast alle Pferde sind vergeben." Fritzi lässt den Kopf hängen. „Aber eins ist noch frei", meint die Reitlehrerin. „Oje!", jammert Fritzi. „Das kleine, dicke Pony!"

Das Pony heißt eigentlich Melissa, aber alle nennen es nur kleines, dickes Pony. Völlig zu Recht, findet Fritzi. Das Pony ist wirklich sehr klein und sehr dick. Es steht in der hintersten Ecke der Weide und sieht Fritzi misstrauisch entgegen.

Das kleine, dicke Pony bleckt die Zähne, als Fritzi mit dem Zaumzeug kommt. Entschlossen legt sie ihm den Sattel auf den Rücken. Das Pony bläht seinen Bauch ordentlich auf – und wird zu einem sehr, sehr dicken Pony. Mit aller Kraft zurrt Fritzi den Sattelgurt fest. Die Schnalle passt gerade ins letzte Loch. Dann geht es endlich los: Annabella tänzelt vorneweg. Fantasia wiehert feurig. Kleopatra schreitet majestätisch einher. Goldmähne sieht einfach wunderschön aus. Das kleine, dicke Pony trödelt

hinterher. „Ach, komm!", treibt Fritzi es an. Sie lockt und bittet, ruft und drängelt. Das kleine, dicke Pony hat es nicht eilig. Fritzi ist erschöpft. Nichts kann dieses Pony dazu bringen, schneller zu laufen oder graziöser zu gehen. Die beiden haben schon den Anschluss an die anderen Reiter verloren. Und weil sie so langsam dahertrotten, beginnt Fritzi zu träumen: In Wirklichkeit ist ihr kleines, dickes Pony ein großer, schwarzer Hengst.

Doch gerade als sie in ihrem Traum auf ihrem Hengst einen Hügel hinaufreitet … schlägt Fritzi der Schweif eines anderen Ponys durchs Gesicht. Empört dreht sich Goldmähnes Reiterin um. „Halt gefälligst Abstand!" – „Warum bleibt ihr stehen?", fragt Fritzi erstaunt. Sie hatte inzwischen die Reitergruppe erreicht. Kleopatra und Annabella machen einen Schritt zur Seite. Fantasia senkt den Kopf. Nun sieht Fritzi, warum es nicht mehr weitergeht: Mitten auf dem Weg hockt ein Frosch. „QUAK!" Die Pferde schnauben nervös. „QUAK!" Kein Pferd traut sich weiter. Fritzi ist ratlos. Doch das kleine, dicke Pony setzt sich unbekümmert in Bewegung und stapft an dem Frosch vorbei. Stolz reitet Fritzi jetzt voran. Im Wald liegt ein Baumstamm quer im Weg … Ohne Zögern springt das kleine, dicke Pony hinüber. „Warte auf uns", rufen die anderen. Annabella tänzelt am Stamm vorbei. Fantasia weicht ängstlich zurück. Kleopatra hat sich im Wald verdrückt. Goldmähne wiehert einfach nur.

Wenig später erreichen sie den Bach. In der Nacht hat es geregnet. Nun sieht der Bach wie ein reißender Fluss aus … Seite an Seite staksen Annabella und Kleopatra durchs Wasser. Fritzi hält den Atem an. Ob das gut geht? Fantasia springt hinter ein Gebüsch. Goldmähne rührt sich nicht. „Das schaffen wir nie", murmelt Fritzi. Doch da marschiert das kleine, dicke Pony los. Schon reicht ihm das Wasser bis zum Bauch und gleich läuft das Wasser in Fritzis Reitstiefel. Sie befürchtet das Schlimmste. Zum Baden ist es noch viel zu kalt! Doch kurz darauf gelangen sie sicher und trocken ans andere Ufer.

„Wie war der Ausritt?", fragt die Reitlehrerin später. „Super!", ruft Fritzi. Das kleine, dicke Pony prustet. Fritzi könnte schwören, dass es ihr gerade zugezwinkert hat.

Pixis Waldschule

Eine Geschichte von Simone Nettingsmeier
Mit Bildern von Dorothea Tust

Es ist Sommer. Pixi und Hase Langbein machen ein Picknick im Wald und probieren gerade eine leckere Waldmeisterlimonade. Da kommt Ricky Waschbär vorbei. Aber der sieht gar nicht glücklich aus. „Was ist passiert?", fragt Pixi besorgt. „Ich habe einen Hasenjungen getroffen", seufzt Ricky. „Na, das ist ja nichts Besonderes", lacht Pixi. „Ja", meint Ricky, „aber der Hase hat mir sein Zeugnis von der Hasenschule gezeigt. Mit lauter guten Noten. So was habe ich noch nie gekriegt." – „Warst du denn nie in einer Waschbärenschule?", fragt Hase Langbein ungläubig. „Nein, die gibt es doch gar nicht", antwortet Ricky. „Dann machen wir eben eine Waldschule auf", schlägt Pixi vor. „Und die weise Eule ist die Lehrerin!" – „Auja!", ruft Hase Langbein begeistert. „Kommt, wir fragen unsere Freunde, ob sie auch zur Waldschule gehen." Da strahlt Ricky mit den anderen um die Wette. Schnell sausen die drei los, um allen Bescheid zu sagen.

Nur kurze Zeit später entsteht auf einer kleinen Lichtung im Wald ein Klassenzimmer. Umbärto hat Baumstämme angeschleppt. Daraus sägen sie Tische und Bänke. Ein riesiger Stein wird zur Tafel. „Und auf dem Ast ist Platz für die Lehrerin", meint Pixi zufrieden. „Was braucht man eigentlich in der Schule?", fragt Ricky, als sie später vor Pixis Hütte sitzen. „Auf jeden Fall eine Tasche für deine Schulsachen", erklärt Pixi. „Und was zu essen für die Pausen", meint Umbärto. Der hat nach all der Arbeit nämlich einen Riesenhunger. Ricky aber hat keine Zeit zum Essen. Aufgeregt bastelt er aus einem großen Stück Kork eine Tasche. Und in die packt er ein leckeres Pausenbrot für den ersten Schultag.

Am nächsten Morgen treffen sich alle in der Waldschule. Selbst der graue Fuchs und ein paar Krähen sind gekommen. „Guten Morgen", ruft die Eule den Waldbewohnern zu. „Lasst uns zunächst unser bekanntes Waldlied singen." Aber die Krähen sind ganz und gar nicht musikalisch. So klingt der Schulchor ziemlich schräg. Die Eule hält sich die Ohren zu.

„Stopp!", ruft sie nach einer Weile. „Wir üben erst die Tonleiter." – „C, D, E, F, G …" Fleißig singen die Waldbewohner die Töne, bis die erste Schulstunde vorbei ist. „Jetzt habt ihr eine kleine Pause und danach schwimmen wir 50 Meter im Fluss", bestimmt die Eule. „Toll", freut sich Ricky Waschbär, denn schwimmen kann er besonders gut. Der graue Fuchs aber will sich unbemerkt davonschleichen, denn er ist ziemlich wasserscheu. Doch da hat er die Rechnung ohne Pixi gemacht. „He, der Fluss ist auf der anderen Seite", ruft Pixi. „Ich, äh …", stammelt der Fuchs. Er will nämlich nicht zugeben, dass er nur ganz schlecht schwimmen kann.

Aber Pixi hat ihn längst durchschaut. „Probier's mal damit", meint Pixi und reicht dem Fuchs Rickys Korktasche. „Das ist eine super Schwimmhilfe." Da bläst die Eule schon die Trillerpfeife und alle springen in den Fluss. Der Fuchs hält sich mit der Tasche tapfer über Wasser. Und Ricky erreicht als Erster das Ziel. „Dafür bekommst du eine Eins", lobt die Eule. „Juhu!", ruft Ricky begeistert. „Das ist meine allererste gute Note!" – „Die feiern wir nach der Schule mit Waldmeisterlimonade", meint Pixi. „Und mit Kuchen", lacht Ricky. Denn sein Pausenbrot war aus der Tasche herausgefallen und das lassen sich nun gerade die Fische schmecken.

Mathilde findet einen Stein

Eine Geschichte von Antje Steffen
Mit Bildern von Anabel Leiner

Mathilde spielt auf einer Wiese. Da findet sie einen Stein. „Den nehme ich mit zum See und lasse ihn übers Wasser hüpfen", sagt Mathilde. Sie nimmt ihre Schaufel, um den Stein auszugraben. Aber der Stein ist größer, als Mathilde dachte.

Da kommt Mathildes Bruder Jörg. Mathilde ruft: „Ich krieg den Stein nicht heraus!" Jörg sagt: „So ein prächtiger Stein! Mit dem kann man einen Damm bauen und auf dem gestauten Wasser Schiffe schwimmen lassen." Der Stein aber ist größer, als Mathilde und Jörg dachten. Da fährt Tante Elke in ihrem gelben Auto vorbei. Sie sagt: „So ein großer Stein!" Und hält an. Der Stein aber ist größer, als Mathilde, Jörg und Tante Elke dachten. Da sagt Tante Elke: „Ich hole Onkel Karl."

Onkel Karl kommt mit seinem Traktor. Und mit ihm kommen Maya und Otte, Gesine und Lars und der große Morten. Alle wollen helfen den Stein auszugraben. Der Stein ist so groß, wie noch keiner in der ganzen Gegend gefunden wurde. Onkel Karl fährt den großen Stein in das Dorf. Die Leute schauen aus den Fenstern und wundern sich über den außergewöhnlichen Festumzug. Mitten auf dem Dorfplatz lädt Onkel Karl den Stein ab. Alle Helfer dürfen ihren Namen auf den Stein schreiben und wer noch nicht schreiben kann, malt sein Lieblingstier. Schnell wird der Stein bunt geschmückt und ein Fest organisiert. Tante Margot backt einen Kuchen, Mathildes Oma macht Limo, die Bäuerin ein großes Omelett, der Bäcker bringt das Brot und der Winzer holt den Wein. Mathilde freut sich sehr! Das ganze Dorf feiert. Bis es dunkel wird, tanzen alle um den großen Stein auf dem Dorfplatz. Und bis heute ist der große Stein der Lieblingstreffpunkt aller Dorfbewohner.

Läusealarm!

Eine Geschichte von Charlotte Habersack
Mit Bildern von Thorsten Saleina

Es ist Schule. Und die Lehrerin fragt in die Klasse: „Was ist 7 + 8?" Hm. Schwierig. Anton kratzt sich am Kopf. „15!", sagt Marie, die immer alles besser weiß. Anton kann gar nicht mehr aufhören, sich zu kratzen. So gut tut das. „Iiiiiiih", schreit Marie plötzlich ganz laut. „Anton hat Läuse! Wie eklig." Anton erschrickt. Er wollte schon immer ein Tier. Dabei hat er aber eher an einen Hund oder einen Hamster gedacht. Nicht an eine Laus. Zu Hause steckt Mama Anton gleich in die Wanne. „Kann ich die Läuse behalten?", fragt Anton währenddessen. „Ich füttere sie auch jeden Tag und mache den Stall." – „Nein!", sagt Mama und wäscht Anton den Kopf. Zweimal – mit Spezialshampoo. „Läuse sind zu klein und krabbeln überallhin", sagt Mama. Doch davon lässt sich Anton nicht beeindrucken. „Dann muss man es ihnen eben verbieten", meint er. Überall in der Wohnung hängt Anton gleich Verbotsschilder für Läuse auf, zum Beispiel an den Schrank, an die Tapete und an Mamas Regenschirm.

Mama sprüht außerdem sofort alles ein. Auch den Fahrradhelm. Dann putzt sie das ganze Haus. „Die Läuse müssen weg", sagt sie und saugt sogar das Sofa. Im Keller wäscht Mama einen Berg Wäsche, so groß wie Anton. Das spült die Läuse davon. Und Antons Kuscheltieren verpasst sie ein Spezial-Deo. Das mögen Läuse gar nicht. Anton auch nicht. Am Abend darf Anton fernsehen. Mama zupft ihm dabei die Nissen aus den Haaren. So, wie es die Affen im Fernsehen auch machen. Lausen ist angenehm, findet Anton. Drei Tage lang bleibt Anton zu Hause und spielt. Bis Mama ganz sicher ist, dass keine neuen Läuse ausgeschlüpft sind. Erst dann muss er wieder in die Schule. „Was ist 7 + 8?", fragt die Lehrerin. „15!", antwortet Anton wie aus der Pistole geschossen und kratzt sich dabei nicht einmal am Kopf. Diesmal war er der Schnellste …

… weil Marie nicht da ist. Marie hat Läuse!

Wanda, das Tanzschwein

Eine Geschichte erzählt und illustriert von Oliver Bieber

Das Schweinemädchen Wanda hat einen großen Wunsch: Es möchte eine berühmte Balletttänzerin werden, eine richtige Primaballerina. Jeden Abend träumt es davon: Wanda, das größte Tanzschwein aller Zeiten …

Eines Tages nimmt Wanda ihren ganzen Mut zusammen und geht zur Ballettschule von Madame Straußvogel. „Ach, bitte", wispert sie, „ich möchte so gern Balletttänzerin werden." Madame Straußvogel mustert sie verächtlich. „Schweine haben im Ballett nichts zu suchen. Du bist zu klein und zu dick – und jetzt geh, wir müssen unsere Übungen machen." Traurig geht Wanda hinaus. Was soll nun aus ihrem Traum werden? Sie setzt sich in eine Eisdiele und bestellt den großen Krokantbecher. Aber ihre Tränen kullern weiter und die Pinguine kommen, um sie zu trösten. „Nie soll ich Tänzerin werden", schnieft Wanda, „ich bin zu klein und zu dick!"

„Unsinn", sagt der Pinguin. „Mein Vater Pingo Patt ist auch klein und ein berühmter Stepptänzer. Besuch ihn doch mal, vielleicht kann er dir helfen." Noch am selben Abend sieht Wanda Pingo tanzen. Er gleitet elegant über den glatten Boden und seine Füße klatschen wunderbar im Takt. Wie schön, denkt Wanda. Das möchte ich auch können. Nach der Vorstellung fragt Wanda Pingo um Rat: „Ich möchte so gern Tänzerin werden." – „Na", sagt Pingo, „dann zeig mal, ob du tanzen kannst. Mach mir einfach die Schritte nach." Pingo kann viele komplizierte Schritte, aber Wanda folgt ihm mit Leichtigkeit. Sie springen und steppen, sie kreisen umeinander, sie tanzen, dass es eine Freude ist. „Du hast Talent", sagt Pingo. „Du bist ein richtig großes Tanzschwein. Geh zu meiner Freundin Carmen Chinchilla. Sie tanzt Flamenco, von ihr kannst du viel lernen."

Am nächsten Tag besucht Wanda Carmens Vorstellung. Ihr Tanz ist feurig, die Hacken knallen auf den Boden und die Kastagnetten klappern wie wild. Wie schön, denkt Wanda.

Das möchte ich auch können. Nach der Vorstellung geht Wanda zu Carmen: „Ich möchte Tänzerin werden." – „Na", lacht Carmen, „dann zeig mal, ob du tanzen kannst. Mach es mir einfach nach." So geschieht es – und sie tanzen zusammen, dass es eine Freude ist. Wanda fühlt sich wie eine echte Spanierin. „Du hast Talent", sagt Carmen. „Du bist ein großes Tanzschwein. Ich bringe dich zu meiner Freundin Nabila Nilpferd, sie ist Bauchtänzerin." Wanda ist sprachlos vor Glück. Wie nett Pingo und Carmen zu ihr sind! Und auch Nabila ist so freundlich. „Mach es mir einfach nach", lächelt sie. Und dann tanzen sie zusammen, dass es eine Freude ist. Sie lassen ihre wunderschönen Bäuche kreisen, und Wanda fühlt sich wie in einem arabischen Märchen. „Du hast Talent", sagt Nabila Nilpferd. „Du bist ein großes Tanzschwein. Du musst unbedingt morgen bei dem großen Wettbewerb mittanzen. Es geht um eine Reise an den Nil."

Wanda seufzt. An den Nil … Am nächsten Tag nimmt Wanda ihren ganzen Mut zusammen. Sie will bei dem großen Tanzwettbewerb starten. Alle sind gekommen, um Wanda Glück zu wünschen. Doch als sie zur Bühne geht, steht plötzlich Madame Straußvogel vor ihr. „Schweine gehören nicht ins Ballett!", zischt sie. „Ich bin ein großes Tanzschwein", antwortet Wanda bestimmt. „Und jetzt geh mir aus dem Weg!"

Wanda tanzt an diesem Abend so schön wie nie zuvor. Sie gleitet elegant dahin wie Pingo Patt, sie stampft so feurig auf wie Carmen Chinchilla und sie kreist mit den Hüften wie Nabila Nilpferd. Als sie ihren Tanz mit einem kühnen Sprung beendet, jubelt der Saal. Wanda hat den ersten Preis gewonnen! Madame Straußvogel schäumt vor Wut, doch der Direktor beachtet sie nicht. „Liebe Wanda", sagt er und überreicht ihr den Pokal, „du bist ein wirklich großes Tanzschwein. Du kannst immer bei uns auftreten." Wanda ist so glücklich, wie ein Schwein nur sein kann. Ach ja, und an den Nil hat Wanda ihre Freunde alle mitgenommen – denn Wanda ist ein großes Tanzschwein mit einem großen Herzen.

Max wünscht sich ein Kaninchen

Eine Geschichte von Christian Tielmann
Mit Bildern von Sabine Kraushaar

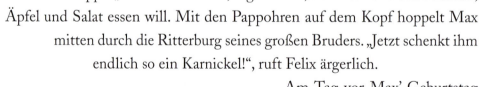

Zum Geburtstag will Max endlich ein Kaninchen! „Ich bin überhaupt nicht zu klein", ruft er wütend. „Ich bin schon fast vier!" Und wer schon groß ist, der kann auch ein Kaninchen haben, findet Max. „Felix hat ein Meerschwein. Nur ich habe kein Tier. Das ist gemein!" – „Kommt nicht infrage!", rufen Mama und Papa wie aus einem Mund.

„Du weißt doch gar nicht, wie man einen Stall sauber macht", sagt Papa. „Am Ende stinkt die ganze Wohnung wie ein Pumakäfig." – „Doch, das weiß ich haargenau", ruft Max. Max weiß wirklich viel über Kaninchen. Er besucht nämlich jeden Nachmittag zusammen mit seiner allerbesten Freundin Pauline die Zwergkaninchen im Zoogeschäft. Das kleine schwarze mögen sie am liebsten. Sie haben es Zorro genannt. Max möchte Zorro so gerne haben. Er seufzt: „Papa hat Angst, dass die Wohnung wie ein Pumakäfig stinkt." Aber Pauline hat eine Idee: „Ich weiß, wie du deine Eltern überreden kannst. Du brauchst nur ein bisschen Pappe und ein paar Möhren."

Paulines Idee ist große Klasse, findet Max. Noch am selben Nachmittag basteln sie ein paar Ohren aus Pappe. „Sei nicht albern!", sagt Mama, als Max nur noch Möhren, Äpfel und Salat essen will. Mit den Pappohren auf dem Kopf hoppelt Max mitten durch die Ritterburg seines großen Bruders. „Jetzt schenkt ihm endlich so ein Karnickel!", ruft Felix ärgerlich.

Am Tag vor Max' Geburtstag sitzt Zorro nicht im

Käfig hinter dem Schaufenster! Max hat weiche Knie, als er die Verkäuferin nach Zorro fragt. „Das schwarze Kaninchen? Das habe ich heute Morgen verkauft", antwortet die Verkäuferin. Max schießen die Tränen in die Augen: Das kann doch nicht wahr sein!

Als Max' Mutter am nächsten Tag ins Zimmer kommt, um das Geburtstagskind zu wecken, zieht Max die Decke über den Kopf. Er will nicht aufstehen. „Kommst du gar nicht, um dein Geburtstagsgeschenk anzusehen?", fragt Mama. Max schüttelt den Kopf. „Dann kann er dich ja gar nicht kennenlernen", murmelt seine Mutter. Kennenlernen? Es ist wohl besser, denkt Max, wenn ich mal nachsehe. „Zorro!!!", ruft Max überglücklich, als er den Käfig entdeckt. Am liebsten will er Zorro sofort auf den Arm nehmen, aber das geht noch nicht. „Das Tier muss sich erst an die neue Umgebung gewöhnen", sagt Papa.

Zorro ist das beste Kaninchen der Welt. Und schon bald kann Max ihn gut versorgen: Morgens füllt er das kleine Futterschälchen mit Trockenfutter und wechselt das Wasser in der Flasche. Abends gibt es eine Möhre oder ein Stück Apfel. Und Max achtet immer darauf, dass genügend Heu zum Fressen in der Raufe ist. Einmal in der Woche macht Max den Stall sauber. Er schüttet die dreckigen Holzspäne und das alte Heu in den Mülleimer. Dann wäscht er die Stallwanne mit warmem Wasser aus. Zum Schluss streut Max frische Holzspäne in den Stall und setzt das kleine Haus wieder hinein.

Draußen auf der Wiese pflückt Max Löwenzahn für Zorro. Das Kaninchen frisst ihm jetzt aus der Hand. Und bald lässt es sich sogar streicheln. Ein paar Wochen später kann er seinen Zorro auch auf den Arm nehmen. Dann wackelt das Kaninchen fröhlich mit der Nase. Und Zorro hat außer Max noch einen zweiten Freund: das Meerschweinchen von Felix. Zorro schnuppert an Schweini herum und spielt mit ihm Verstecken unter dem Schrank oder in Felix' Ritterburg. Zorro ist und bleibt das beste Kaninchen der Welt. Und weil Max immer daran denkt, den Stall sauber zu machen, stinkt die Wohnung auch nicht wie ein Pumakäfig. Das muss sogar Max' Vater zugeben.

Die Apfelkuchenträumerei

Eine Geschichte von Ilona Waldera
Mit Bildern von Hildegard Müller

Friedwart von Schnorch verbrachte den lieben langen Tag an einem Baumast. Dort baumelte er mit dem Kopf nach unten und grübelte. Das mag jedem, der kein Faultier ist, recht unbequem erscheinen. Doch für ein Faultier ist es das Schönste und erfrischend fürs Gehirn dazu. Auf diese Weise gelang es Friedwart von Schnorch, auf alle wichtigen Fragen des Lebens eine Antwort zu finden. Und weil das interessant und unterhaltsam war, hockten unter seinem Baum rudelweise kleine Tiere herum. Sie starrten hinauf und bettelten, er möge ihnen eine Geschichte erzählen oder eine Faultierweisheit.

Heute schlief Friedwart nicht einfach ruhig vor sich hin, nein – er pendelte sanft hin und her und schmatzte. Die kleinen Tiere unter seinem Ast fanden das höchst ungewöhnlich. Sie hatten den alten Friedwart während des Schlafens schon schnarchen, pfeifen oder summen hören, aber geschmatzt hatte er noch nie. Das deutete auf eine neue Geschichte hin – sie mussten ihn nur noch aufwecken, damit er sie erzählen konnte. Sie versuchten es, indem sie alle zusammen „Auf-wa-chen!" brüllten.

Schon beim hundertsten Mal klappte es. Friedwart von Schnorch blinzelte. „Hä?", sagte er zur Begrüßung. „Was wollt ihr von einem älteren Herrn wie mir?" – „Warum hast du im Schlaf geschmatzt? Hast du was Leckeres geträumt?", fragte Edwina, das Erdferkelmädchen. Friedwart leckte sich die Lippen und sagte nur: „Apfelkuchen!" – „Erzähl, erzähl!", riefen die Tiere. Friedwart zierte sich ein bisschen, aber schließlich sagte er: „Also, es handelt sich um ein Erlebnis, das ich vor vielen Jahren mit meiner Familie hatte. Eine Erfahrung, die wieder einmal zeigt, dass der Schlaf einem aus schwierigen Momenten helfen kann." Friedwart von Schnorch wartete,

bis die kleinen Streifenhörnchen, die Erdferkel, die Opossums und die Chamäleons es sich auf dem Waldboden gemütlich gemacht hatten. Dann begann er zu erzählen:

„Vor vielen Jahren kamen Tante Wilhelmine, Onkel Karl-Gustav, Vetter Oswin und Kusine Alberta zu Besuch. Tante Wilhelmine drückte mir schon an der Tür ein Säckchen mit Äpfeln in die Hand, damit ich einen Kuchen für alle backe. Ich ging also brav in die Küche und die Verwandtschaft machte es sich im Wohnzimmer bequem. Sie knabberten alle Erdnüsse weg und tranken die Karaffe mit meinem Lieblingssaft leer. Eine ganze Weile hörte ich sie singen und hin und wieder rief einer, wo denn der Apfelkuchen bliebe. Aber dann war es still. Das war mir sehr recht, denn ich hatte ein Problem: den Apfelkuchen hatte ich längst gebacken – und ganz allein aufgegessen. Er war einfach köstlich! Und nun war nichts mehr von ihm übrig als ein paar Krümel auf der Kuchenplatte und der Duft, der das ganze Haus erfüllte. Das war nicht viel für vier hungrige Gäste. Schließlich nahm ich all meinen Mut zusammen und ging mit der leeren Kuchenplatte ins Wohnzimmer. Sie saßen alle um den Wohnzimmertisch und schliefen und schnarchten vor sich hin. Ich setzte mich dazu und war unendlich erleichtert, weil ich wusste, dass mein Problem gelöst war.

Ich blieb einfach sitzen und wartete. Nach und nach wachten die vier auf. Sie rieben sich die müden Augen und guckten auf die leere Kuchenplatte. Dann sahen sie sich an und begannen, den wunderbaren Apfelkuchen zu loben. ‚Wie köstlich', sagte die Tante. ‚Ja, ganz vorzüglich', erwiderte der Onkel. Mein Vetter nahm sich sehnsüchtig die letzten Krümel vom Teller und Kusine Alberta tupfte ihr Schnäuzchen vornehm mit der Serviette ab und seufzte: ‚Hmm, so viel Kuchen habe ich schon lange nicht mehr gegessen.' Der wunderbare Apfelkuchenduft hatte ihnen die süßesten Träume beschert, und nun glaubten sie wirklich, sie hätten den Kuchen schon gegessen. Und ich habe ihnen natürlich nicht widersprochen …"

„Macht denn im Traum gegessener Apfelkuchen auch satt?", fragte ein kleines Chamäleon. Friedwart überlegte kurz. „Das ist nicht erwiesen", antwortete er dann. „Sicher ist aber, dass er nicht dick macht."

Kapitän Sternhagels Geburtstagtorte

Eine Geschichte erzählt und illustriert von Alfred Neuwald

Während Kapitän Sternhagel sich an diesem Morgen die Zähne putzt, denkt er noch, dass dies ein ganz normaler Tag wie jeder andere sei. Doch plötzlich hört er draußen jemanden seine Namen rufen. „Hallo, Sternhagel, du alter Freibeuter! Schläfst du noch?"

Als er an Deck seiner „Seestern" kommt, staunt der Kapitän nicht schlecht. Auf dem Strand vor seinem Schiff stehen Jan von der Post und Eugen, der Leuchtturmwärter, mit einer riesigen Eistorte. „Die sollen wir bei dir abgeben", ruft Jan ihm zu. „Wieso hast du uns denn gar nicht gesagt, dass du Geburtstag hast?" – „Du bist mir ja ein Freund!", schnauft Eugen, noch ganz aus der Puste von der Schlepperei. „Willst du die Torte etwa alleine aufessen?"

„Äh … nein … natürlich nicht." Der alte Seemann ist ganz verdattert. Er überlegt kurz und stellt fest, dass er tatsächlich heute Geburtstag hat. Das hat er ja total vergessen. „Von wem ist denn die Torte?" – „Es ist auch ein Brief dabei", sagt Jan. „Vielleicht kann der das Rätsel lösen!" Neugierig öffnet der Kapitän den Umschlag und holt ein Foto heraus, auf dem drei Pinguine zu sehen sind. Auf der Rückseite steht mit krakeliger Schrift geschrieben: *Ahoi, Sternhagel, du alter Pirat! Erinnerst du dich noch an uns?*

„Beim Klabautermann!", ruft der alte Seebär. „Natürlich erinnere ich mich!" – „Das sind doch meine Freunde vom Südpol. Dass die an meinen Geburtstag gedacht haben!", freut sich Kapitän Sternhagel. „Genau hier am Strand habe ich die drei

damals kennengelernt. Wir hatten unglaublich viel Spaß miteinander, aber dann wurde es ihnen bei uns zu warm. Unser mildes Klima ist nichts für Pinguine. Sie sind die Kälte und das Packeis der Antarktis gewöhnt." – „Erzähl uns die Geschichte doch lieber bei einer Tasse Tee!", sagt Eugen. „Dann können wir dabei ein Stück Torte essen!" – „Das ist eine sehr gute Idee", findet Jan, dem schon die ganze Zeit das Wasser im Mund zusammenläuft.

„Aye-aye, ihr Landratten!", lacht der alte Kapitän und deckt zusammen mit seinem Seehund Rudi den Tisch. Jan schaut sich das Foto an. „Die drei sehen lustig aus. Wirklich schade, dass sie jetzt nicht bei uns sein können", meint er, während der alte Kapitän seinen Freunden Tee einschenkt. „Ja, das wäre wirklich schön!", seufzt Sternhagel. Und bevor Kapitän Sternhagel die Torte anschneiden kann, springen plötzlich die drei Pinguine heraus. „Herzlichen Glückwunsch zum Geburtstag! Wie geht's denn so? Wir haben uns ja lange nicht mehr gesehen!", schnattern die drei durcheinander. Kapitän Sternhagel und seine Gäste kommen aus dem Staunen nicht mehr heraus.

„Das ist ja eine Riesenüberraschung!", freut sich das Geburtstagskind. „Aber wie ist das möglich? Ich habe gerade eben noch erzählt, dass es euch hier viel zu warm ist!" – „Kein Problem!", sagt einer der Pinguine. „Deshalb sind wir ja extra in der riesigen Eistorte angereist. Die können wir jetzt komplett verputzen. Sie hat uns erst von außen gekühlt und nun von innen. Und wenn wir genug gefeiert haben, fahren wir im Kühlcontainer von der ‚MS Fischkopp' wieder zurück nach Hause."

Aber bis es so weit ist, haben die Freunde noch viel Spaß miteinander!

Spät in der Nacht begleiten sie die drei Pinguine zum Hafen. „Das war ein wirklich toller Geburtstag!", lacht Kapitän Sternhagel. „Das nächste Mal komme ich euch besuchen!", verspricht der alte Seebär seinen Freunden beim Abschied.

Kleine Elfe Miranda

Eine Geschichte von Uschi Flacke
Mit Bildern von Elena Conti

Im frühen Morgenlicht tanzen auf einer Waldlichtung kleine Elfen. Sie üben schon mal ein bisschen, denn gleich ist Zeit für den Schulunterricht.

Der Elfenkönig sitzt auf seinem Blütenthron und betrachtet seine Schülerinnen, die aufgereiht vor ihm im Gras sitzen. Plötzlich schiebt er sich die Krone aus der Stirn. „Wo ist denn eigentlich Miranda?", ruft er verärgert. „Kommt sie wieder zu spät?" Die Elfen schauen sich nach allen Seiten um. Aber Miranda ist nirgends zu sehen.

In diesem Moment ist ein Surren zu hören, dann ein lautes Flattern und etwas platscht zu Füßen des Elfenkönigs auf die Erde. Das ist Miranda. Sie rappelt sich hoch und lächelt den König entschuldigend an.

„Miranda", schimpft der König, „was ist nur mit dir los? Jeden Morgen kommst du zu spät zum Unterricht, weil du den Weg nicht findest. Und schau dich an! Du bist ganz zerzaust. Sieht so eine Elfe aus?"

„Ich werde mich bessern!", sagt Miranda mit zitternder Stimme. „Ich schwöre es!" – „Dann los", brummt der König. „Es ist Zeit, den Elfenreigen zu lernen. Du willst doch deine Schulprüfung bestehen …" Miranda nickt, flattert los – übersieht aber einen hohen Blütenstängel und kracht dagegen. Die anderen Elfen kichern leise.

„Wenn du so weitermachst, wirst du nie deinen Elfenstab bekommen!", ruft der König ärgerlich und hält seinen Zauberstab hoch in die Luft. Erschrocken sieht Miranda ihn an. Keinen Zauberstab? Dann wird sie ja nie eine richtige Elfe werden!

Sie flattert los, aber diesmal bleibt sie an einem Zweig hängen. Sie hat ihn einfach nicht gesehen. „Miranda!", donnert der König. Am frühen Abend sitzt Miranda traurig vor dem Blütenpalast. Was ist nur los mit ihr? Warum stößt sie ständig gegen Blütenstängel oder Zweige und kann den Weg nicht finden? Da häuft sich neben ihr ein kleiner Erdhügel auf. Ein dunkles Tier mit spitzer Nase wühlt sich heraus, taumelt ein paar Schritte und stolpert über Mirandas Füße.

„Entschuldigung, das wollte ich nicht", sagt das Tier. „Ich bin der Maulwurf. Meine Augen sind furchtbar schlecht. Ich habe dich nicht gesehen." Blitzschnell verschwindet der Maulwurf wieder in seinem Hügel. Miranda schaut ihm verwundert nach. Seine Augen sind furchtbar schlecht? Er konnte sie nicht sehen? Dann weiß sie plötzlich, was zu tun ist.

Am nächsten Morgen tanzen die Elfen im Morgentau ihren Reigen. Der König sitzt zufrieden auf seinem Thron. Und in der Mitte der Elfen schwebt Miranda. Sie hat eine wunderschöne rosa Brille auf der Nase …

Heute hat Miranda die Prüfung bestanden! Jetzt ist sie eine richtig Elfe.

Hansi Hase und sein Schmetterling

Eine Geschichte erzählt und illustriert von Heribert Schulmeyer

Als Hansi nach seinem ersten Schultag nach Hause kam, stand Vater Hase pfeifend auf der Leiter und strich den Schuppen mit seiner Lieblingsfarbe an. Hansis Mama arbeitete im Garten und pfiff dabei ein Lied.

Die Oma saß im Schaukelstuhl auf der Terrasse und wippte hin und her. Gleich war ihr Kuchen fertig. Nur Onkel Horst saß dumpf und schlecht gelaunt im Schatten. Hansi wollte ihn aufmuntern. Er machte einen Handstand und eine Hasenrolle vorwärts und rückwärts. Es nutzte nichts. Der Onkel guckte nicht hin. Da flog ein bunter Schmetterling vorbei. „Sieh mal!", rief Hansi begeistert und lief hinterher.

Als Vater Hase seinen Sohn über die Wiese hopsen sah, warf er den Pinsel in den Farbeimer und rannte auch hinterher. „Was ist das für ein lustiges Spiel?", fragte sich Hansis Mama. „Da will ich mitmachen!" Und sie lief hinter den beiden und dem Schmetterling her. Die Oma hatte den Kuchen aus dem Ofen geholt. Er war nur ein bisschen angebrannt. „Geht es zum Picknick?", rief sie, als sie die drei durch den Garten laufen sah. Sie nahm den Kuchen und lief auch hinterher. Da wurde Onkel Horst doch neugierig. „Wo laufen die denn alle hin?", fragte er sich und raffte sich auf.

Hansi schaute nur auf seinen Schmetterling und lief immer weiter. Hinter dem Wald gab es ganz viele Schmetterlinge! Und als Onkel Horst angejapst kam, setzten sich alle auf die Wiese und aßen den Marmorkuchen.

„Prima, dass wir alle zusammen sind", sagte Hansi.

Der Pfau und die Ferkel

Eine Geschichte erzählt und illustriert von Caroline Rothe

Am Rande des Dorfes lag eine Schweinewiese. Die dicke Sau, die dort lebte, hatte sieben Ferkel bekommen. Alle im Dorf freuten sich über die kleinen rosa Schweinchen. Doch der Pfau war am glücklichsten. Er konnte es kaum erwarten, mit ihnen über die Schweinewiese zu tollen.

Endlich waren die Ferkel groß genug, dass der Pfau mit ihnen spielen konnte. „Wer kann am lautesten schreien?" spielten sie furchtbar gern. Auch bei der „Pfauenparade", bei der sie quer durch das Dorf stolzierten, hatten alle viel Spaß. Bei schönem Wetter nahm der Pfau die kleinen Ferkel sogar auf den Rücken und drehte mit jedem von ihnen eine Runde über die Wiese. Doch den meisten Spaß hatten die Ferkel und der Pfau an ihrem Lieblingsplatz unter dem großen Baum, der auf der Schweinewiese stand. Dort war es schön matschig und sie gruben sich kleine Höhlen und unterirdische Gänge. Ein prima Platz zum Versteckenspielen.

Eines Tages berichtete ihnen der Pfau, dass der Schweinebauer dringend Geld brauchte und deshalb wohl ihre Wiese verkaufen müsse. „Das bedeutet, dass ihr in Zukunft im Stall leben müsst …", beendete der Pfau seine traurige Nachricht. Die Ferkel fingen an zu weinen. Sie waren sehr verzweifelt. Wo sollten sie in Zukunft spielen. Es war doch so schön, sich auf der Wiese zu suhlen und mit dem Pfau Verstecken zu spielen. Am nächsten Tag wollte der Schweinebauer noch ein letztes Mal über die Wiese gehen. Unter dem großen Baum stolperte er fast über eine kleine Kiste, die die Ferkel beim Bau ihrer Höhlen achtlos beiseite geworfen hatten. Er betrachtete sie näher. „Das ist doch Opas verschollene Münzsammlung!", rief er. „Hurra, ich bin reich", jubelte er. „Dann muss ich die Schweinewiese doch nicht verkaufen!"

Und die Ferkel? Die freuten sich zusammen mit dem Pfau.

Klöppel auf dem Leuchtturm

Eine Geschichte erzählt und illustriert von Jonas Kötz

Endlich Ferien! Diesmal wollte Klöppel seinen Onkel Frederik besuchen. Er hat einen tollen Beruf, er ist Leuchtturmwärter!

Klöppels Mutter brachte ihn zum Hafen. An der Mole angekommen, wartete Onkel Frederik schon auf seinen Feriengast. Natürlich wohnte er auf einem echten Leuchtturm mitten im Meer auf einer kleinen Felseninsel. Sie fuhren mit dem Boot, der alten „Louise", ein ganzes Stück raus auf die Nordsee. „Die Lichtsignale des Leuchtturms helfen den Schiffen, den Weg in die Elbmündung zu finden, um dann in den Hamburger Hafen zu fahren", erklärte Onkel Frederik.

Viel zu schnell ging der erste Tag vorüber. Klöppel hatte sich alles angesehen und von seinem Onkel erklären lassen. Nach dem Abendessen erzählte Onkel Frederik dann noch ein paar alte Geschichten, die er Seemannsgarn nannte. Müde krabbelte Klöppel schließlich in seine gemütliche Koje. So nennt man die Betten auf Schiffen und auch auf Leuchttürmen.

Am nächsten Morgen stieg Klöppel gleich auf den Turm. „Beim alten Klabautermann!", rief er, als er ganz oben angekommen war. Die Küste war plötzlich auf der falschen Seite. Außerdem sah sie ganz anders aus als gestern.

„Das haut mich aus der Büx", rief auch Onkel Frederik. Der konnte sich das ebenfalls nicht erklären. Die beiden beschlossen erst einmal, mit der alten „Louise" an Land zu fahren, um sich das Ganze aus der Nähe anzusehen.

In der Hafenkneipe lernten sie einen netten Fischer kennen. Der hieß Kapitän Tilly McGully. „Willkommen in England!", sagte er. Donnerschlag, da waren Klöppel und Onkel Frederik aber überrascht.

Es gab nur eine Erklärung für diese merkwürdige Reise: Die Strömung war so stark geworden, dass sie sogar die kleine Leuchtturminsel mit sich gerissen hatte. Sie mussten natürlich so schnell wie möglich wieder nach Hause, damit kein Schiff die Orientierung verlieren würde. Tilly bot ihnen an, den Leuchtturm mit seinem Fischkutter wieder zurückzuschleppen.

Am nächsten Morgen sind sie dann alle ganz früh aufgebrochen. Klöppel durfte vorne bei Kapitän Tilly McGully in seinem Fischkutter „Ann Marie" sitzen. Bei der kleinen Insel angekommen, haben sie erst einmal einen riesigen Anker am Leuchtturm befestigt, damit er sich nicht wieder losreißen konnte. Nach getaner Arbeit gab es dann kräftige Seemannskost. Und nachdem sie einen großen Topf Erbsensuppe verspeist hatten, haben Tilly und Onkel Frederik noch eine Menge spannender Geschichten erzählt.

Klöppel legte sich erst spät in seine Koje. Als er am nächsten Morgen ganz früh auf den Turm kletterte, war alles wieder in Ordnung. Hatte er das Ganze etwa nur geträumt?

Temeo und sein Freund, der Zauberer

Eine Geschichte von Hermann Schulz
Mit Bildern von Silke Tessmer

Temeo war fast immer mit Abenteuern beschäftigt, so dass er vergaß, sich auf eine wichtige Arbeit in der Schule vorzubereiten. Also besuchte er seinen Freund Tutomo, den Zauberer. „Onkel Tutomo, kannst du mir helfen?" – „Was ist los, mein Freund Temeo?" – „Wir schreiben morgen in der Schule eine Klassenarbeit. Und ich bin immer noch nicht richtig vorbereitet." – „In Ordnung, Temeo. Die Woche Zeit zum Lernen verschaffe ich dir gerne."

Die Schülerinnen und Schüler saßen schon auf ihren Bänken. Lehrer Alex verteilte die Hefte. „Heute schreiben wir eine Arbeit. Ihr habt eine Stunde Zeit, dann sammle ich die Hefte ein. Die Aufgaben schreibe ich jetzt an die Tafel." Während Lehrer Alex schrieb, gab es plötzlich einen Lärm, als sei ein Gewitter ausgebrochen. Es kam immer näher. Lehrer Alex eilte ans Fenster, um zu sehen, was los war.

Plötzlich wimmelte der Schulhof von Hunderten von Affen. Sie kletterten über das Dach, durch die Fenster, schnitten Grimassen, warfen Gras und Nüsse in die Klasse. Es war ein wildes Durcheinander.

An die Arbeit war gar nicht mehr zu denken. Die Schülerinnen und Schüler hatten alle Hände voll zu tun, Schulhof und Klassenräume aufzuräumen, als die Affen endlich verschwunden waren. „Die Arbeit schreiben wir nächste Woche", sagte Lehrer Alex. Temeo war sehr zufrieden.

Eine Woche später kam Temeo wieder zu seinem Freund. „Kannst du mir noch einmal helfen?", fragte er bedrückt, „wir schreiben nun morgen die Arbeit … ich hatte so viele andere Sachen …" – „Für meinen Freund

Temeo mache ich das gerne", sagte Tutomo, „mach dir keine Sorgen!" Die Schüler saßen schon alle vor ihren Heften, und Lehrer Alex hatte begonnen, die Aufgaben an die Tafel zu schreiben. Plötzlich schnaufte es draußen gewaltig und es war ein Getrappel zu hören, dass alle verstört an die Fenster stürzten. Der Schulhof füllte sich mit Büffeln und Zebras, es war ein wildes Durcheinander. Die Tiere stampften und liefen herum, stießen gegen Türen und machten großen Lärm. Als sie endlich abzogen, war die Stunde vorbei. „Die Arbeit können wir heute nicht mehr schreiben", sagte Lehrer Alex. Temeo war sehr zufrieden.

Es waren sechs Tage vergangen, als Temeo wieder bei seinem Freund Tutomo, dem Zauberer, auftauchte. „Kannst du mir noch einmal helfen, Onkel Tutomo? Wir schreiben doch morgen die Arbeit und ich bin nicht so richtig vorbereitet." Tutomo blickte ihn lächelnd an. „Weißt du, mein Freund Temeo", sagte Tutomo, „zweimal habe ich dir geholfen. Jetzt helfe ich dir gerne ein drittes Mal!" Da war Temeo glücklich. „Aber", fuhr Tutomo fort, „diesmal brauche ich dich dabei." Temeo sah ihn verständnislos an. Tutomo fuhr fort: „Wir haben bis heute Abend Zeit. Komm mit deinen Büchern, damit wir die Lektionen lernen. Das machen wir gemeinsam. Denn meinem Freund Temeo helfe ich immer gern. Das weißt du." Temeo war ein bisschen verdrossen. Aber er mochte seinem lieben Onkel Tutomo nicht widersprechen. So saßen sie bis um acht Uhr abends und lernten. Dann sagte Onkel Tutomo: „Jetzt ist genug! Lege dich schlafen, damit du richtig ausgeruht bist und eine gute Arbeit abliefern kannst."

Temeo schrieb die beste Mathematikarbeit der ganzen Klasse. Zuerst zeigte er sie seinem lieben Onkel Tutomo. Und der lächelte zufrieden.

Karo übernachtet bei Oma und Opa

Eine Geschichte von Marianne Schröder
Mit Bildern von Gerhard Schröder

Karo und Eddi sind dicke Freunde. Am liebsten machen sie alles zusammen. An diesem Wochenende dürfen Karo und Eddi bei Karos Großeltern übernachten. Zahnbürste und Pyjama sind im Rucksack verstaut und Kuschelelch Ingmar muss natürlich auch mit. „Tschüs, bis morgen!", ruft Eddi seiner Mutter zu, als sie fröhlich loslegen.

„Hallo, da seid ihr ja schon!" Opa winkt aus dem Dachfenster, als er die beiden kurze Zeit später durch das Gartentor kommen sieht. „Ich habe hier oben schon mal Klarschiff gemacht." – „Hurra! Wir dürfen auf dem Dachboden übernachten, Eddi!", jubelt Karo. „Na, dann geht mal nach oben. Es ist schon ganz gemütlich", sagt Oma.

Gespannt klettern die beiden die steile Treppe hoch. „Alle Matrosen an Deck! Die Kojen sind eingerichtet", meldet Opa. „Jawohl, Kapitän! Die Mannschaft ist komplett", schmunzelt Karo und bestaunt das gemütliche Bettenlager. Da hören sie Oma von unten „Es gibt Abendbrot!" rufen.

In der Küche gibt es Omas berühmte Kombüsenschnittchen. Leckere Klappbrote mit mehreren Lagen aus Wurst, Käse und Salat. Karo läuft das Wasser im Mund zusammen. „Oma, du bist die Beste", freut sie sich.

Gut gestärkt und mit frisch geputzten Zähnen liegen sie später in den kuscheligen Kojen. Draußen ist es jetzt schon dunkel. Wind kommt auf, und es sind plötzlich merkwürdige Geräusche zu hören. „Du, Eddi", flüstert Karo, „für einen Matrosen ist mir ziemlich mulmig." In diesem Moment hören sie auch noch schwere Schritte auf der Treppe.

„Puh, ein Glück. Es ist dein Opa", sagt Eddi. „Du, Opa, wir hören hier so komische Sachen. Kannst du nicht noch etwas hierbleiben?", bittet Karo. „Das klappert ja tatsächlich ordentlich. Bei dem Wind hole

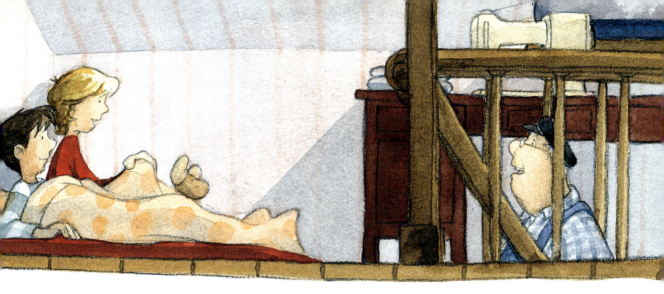

ich die Flagge vom Dach mal lieber ein, dann wird es auch leiser", sagt Opa. „Und nun will ich mal sehen, ob ich hier noch ein Plätzchen für meine Hängematte finde."

Zwischen zwei Dachbalken kann er sie prima aufhängen und dann macht es sich Opa darin so richtig gemütlich. Schon fängt er an, seine alten Seemannsgeschichten zu erzählen. „Wir fuhren damals auf einem alten Bananendampfer. Ich stand am Heck und fütterte Möwen, als …" Opa erzählt und erzählt. Dabei wird seine Stimme langsam immer leiser.

Auf einmal ist von Opa nur noch ein leises Schnarchen zu hören. „Das hört sich wie Wellenrauschen an", murmelt Karo. Und dann schlafen auch Karo und Eddi ein.

Greta und Honey

Eine Geschichte von Ana Zabo
Mit Bildern von Henning Löhlein

Der Fußballclub Hasen-Mädchen hatte nur zwei Fans. Aber es waren die glühendsten Fans, die man sich vorstellen konnte. Sie hießen Greta und Honey. Beide träumten davon, dass ihre Hasen-Mädchen endlich einmal gegen die Getigerten Katzen gewinnen würden. „Bloß wie? Die Katzen haben noch nie verloren", meinte Greta. „Und unsere Hasen-Mädchen haben noch nie gewonnen", sagte Honey. Greta überlegte: „Vielleicht liegt es an uns."

„Mehr Fans können mehr Mut machen. Viele begeisterte Fans, und die Tore schießen sich wie von selbst." Das sah Honey sofort ein. Sie schlug vor, die alten Hasen zu überreden und sie mitzunehmen. Doch die alten Hasen hatten keine Lust. Sie blieben lieber auf dem Feld und ernteten Möhren. Greta und Honey zogen schließlich allein los. Sie hatten Tröten, Rasseln und Klappern dabei – sogar Töpfe mit Holzlöffeln. Sie wollten wenigstens so laut sein wie eine Menge Fans zusammen. „Was ist denn das für ein Krach?", fragte eine Ziege, die mit einer Maus und einer Möwe am Wegesrand Karten spielte. „Wir sind Fußballfans", erklärte Honey. Greta erzählte, wohin sie unterwegs waren, und fragte die drei, ob sie nicht mitwollten.

„Krach machen will ich gerne und noch lieber will ich Katzen verlieren sehen!", rief die Maus begeistert. „Wenn ihr hier wartet, hole ich noch ein paar Freundinnen zur Verstärkung." – „Das gefällt mir", mischte sich die Ziege ein. Sie wollte auch mit. Als die Maus schließlich zurückkam, waren sie schon mehr Fans geworden. Vor allem Mäuse. Beim Fußballplatz angekommen, sahen sie, dass das Spiel bereits begonnen

hatte. Die Getigerten Katzen hatten schon drei Tore geschossen, die Hasen-Mädchen noch keins. Da sprangen die Fans auf die Zuschauertribüne. Sie tröteten, trommelten, pfiffen und klapperten so laut sie konnten. Die Hasen-Mädchen aber freuten sich so sehr über ihre vielen Fans, dass sie alles andere vergaßen und nur noch die Zuschauer beobachteten. Zum Glück achteten Greta und Honey auf das Spiel. „Vorsicht!", riefen sie, „der Ball!" Gerade noch rechtzeitig schnappte sich Hasen-Spielerin Nummer 3 den Ball und gab an die Nummer 5. Nummer 5 spielte zur Nummer 7. Die aber war schon umringt von Getigerten Katzen.

„Gib mir den Ball", zischte eine. „Oder mir", lockte eine andere. Nummer 7 von den Hasen-Mädchen kam in Bedrängnis. Greta und Honey waren sich einig: Jetzt konnte nur noch eines helfen. „Schieß den Ball zu uns!", riefen sie. Und tatsächlich: Das Hasen-Mädchen kickte den Ball mitten in die Zuschauermenge. „Wahnsinn!", kreischten Greta und Honey. Die Mäuse nahmen den Ball an und passten ihn zur Ziege. Die gab geschickt an die Möwe ab. Die Möwe wiederum spielte einen Schnabel-Pass zu Honey. Honey köpfte zu Greta. Und Greta pfefferte den Ball direkt ins gegnerische Tor. „Toooor!", jubelten sie. Niemand beachtete, dass die Schiedsrichterin wild mit den Armen wedelte: „Das gilt nicht! Fans dürfen nicht mitspielen!", rief sie empört. Greta fand das ungerecht. Aber sie mussten zurück auf die Zuschauertribüne. Doch jetzt holten die Hasen-Mädchen auf. „Ja!", jauchzten ihre Fans. „O nein!", jammerten die Katzen. Die Hasen-Mädchen waren nicht mehr zu bremsen, seit sie das tolle Spiel ihrer Fans gesehen hatten. Als der Schlusspfiff ertönte, hatten sie mit 12:9 Toren gewonnen.

Da wurden die Hasen-Mädchen gefeiert – und natürlich ihre Fans: die Möwe, die Ziege, die Mäuse und allen voran Greta und Honey.

Der süßeste Hund von allen

Eine Geschichte von Dana Schweiger
Mit Bildern von Miriam Cordes

Rasmus und Alena verfolgen einen Plan: Sie wollen einen Hund! Jeden Tag fragen sie Mama, doch die schüttelt nur den Kopf und sagt: „Nein, wir sind immer so viel unterwegs. Wer soll sich dann um den Hund kümmern?"

„Wir!", brüllen Rasmus und Alena. Rasmus schleppt massenweise Hundebücher an und verteilt Hundebilder im ganzen Haus. Alena wirft sich vor jeden Hund und ruft:

„Ist der süß! Darf ich den streicheln?"

Und als sie eines Morgens alle im Bett kuscheln, geht ihr Plan endlich auf. „In Ordnung", lächelt Mama. „Wir bekommen einen Hund."

Jackie ist klein und braun-weiß-schwarz gefleckt und der süßeste Hund auf diesem Planeten. „Rasmus, gib ihn mir mal", bettelt Alena. Doch dann wird es warm und feucht auf Alenas Arm.

Jackie hat sie angepinkelt. Er läuft vom Wohnzimmer in die Küche durch den Flur bis zur Haustür und hinterlässt überall eine nasse Spur. „Na, das lernt er noch", sagt Mama und bringt Alena und Rasmus zum Klavierunterricht. Als die drei wiederkommen, begrüßt Jackie sie begeistert. „Hoffentlich hast du dich nicht gelangweilt", meint Alena und streichelt ihn.

„Ich glaub nicht", sagt Rasmus. Wie auch? Jackie hatte viel zu tun: Er hat die Tapeten von den Wänden gefetzt, die Ohren von Rasmus' Teddy angeknabbert und aus Mamas Schal ein Nest gebaut. „Oh nein!", ruft Mama. „Na, das lernt er noch." Tatsächlich lernt Jackie in den nächsten Wochen eine ganze Menge. Schon bald kann er so hoch springen, dass er jedem zur Begrüßung über das Gesicht schleckt. Aus allen Schuhen macht Jackie Sandalen, sogar aus Rasmus' und Alenas Gummistiefeln! „Hat jemand meinen Autoschlüssel gesehen?", fragt Mama. Rasmus sucht auf der Fensterbank, Alena unter dem Teppich. Da läuft Jackie durch den Garten, im Maul trägt er den Autoschlüssel. „Braves Hündchen, gib mir den Schlüssel", lockt Mama ihn. Jackie wedelt mit dem Schwanz. Dann lässt er den Schlüssel in den Gartenteich fallen. Das Futter im Napf lässt Jackie fast immer stehen. Dafür organisiert er sich aus der Küche selbst etwas zu fressen. „Wenn du nicht so süß wärst, hätte ich dich schon längst vor die Tür gesetzt", schimpft Mama. Dann muss auch sie lachen. „Allerdings geht es so nicht weiter. Ich habe schon genug mit eurer Erziehung zu tun. Es muss etwas passieren!"

Rasmus und Alena halten die Luft an. Mama will Jackie doch nicht wieder weggeben? Rasmus nimmt Jackie auf den Arm, und Alena setzt sich vor Schreck in den Hundekorb. „Keine Angst", beruhigt Mama die beiden. „Natürlich behalten wir Jackie. Aber ab morgen geht er in die Hundeschule." – „Ich geh auch schon zur Schule", tröstet Rasmus Jackie. „Dort ist es gar nicht so schlecht."

In der Hundeschule gefällt es Jackie ziemlich gut. Und auch dort lernt er eine ganze Menge: An der Leine gehen, ohne Rasmus, Alena oder Mama hinterherzuziehen, zum Beispiel. Oder keine anderen Hunde mehr zu ärgern. Von nun an schläft er nachts in seinem Körbchen und isst nur noch die Sachen, die in seinem Napf liegen. Rasmus, Alena und Mama sind immer noch ganz viel unterwegs. Aber jetzt ist Jackie immer dabei, wohin sie auch fahren! Und auch den Autoschlüssel hat er nie wieder in den Teich geworfen.

Conni am Strand

Eine Geschichte von Wolfram Hänel, neu erzählt von Anna Döring
Mit Bildern von Eva Wenzel-Bürger

Conni macht Sommerferien am Meer. Natürlich nicht Conni alleine: Auch ihre Mama ist dabei und ihr Papa. Und Fridolin nimmt Conni mit. Fridolin ist Connis neues Plastikkrokodil – riesengroß und grellgrün.

Conni freut sich: Heute wandern sie gleich nach dem Frühstück zum Strand. Ein ganz schön weiter Weg ist das – an dem rotweiß gestreiften Leuchtturm vorüber und auf dem alten Holzweg durch die Dünen rauf und runter und wieder rauf und wieder runter. Bis endlich das Meer vor ihnen liegt, blau und grün und unendlich groß. „Gerade ist Ebbe. Da fließt das Wasser von der Küste weg. Erst einige Stunden später kommt es zurück. Das nennt man Flut", erklärt Papa.

Dann machen es sich Mama und Papa in einem Strandkorb gemütlich. Conni läuft nach vorne ans Wasser. Was es dort alles zu sehen gibt! Möwenfedern und Treibholz und vor allem die gedrehten Muscheln, die man sich bloß ans Ohr zu halten braucht, und schon rauschen sie wie alle Ozeane dieser Erde!

Vorsichtig setzt Conni einen Fuß ins Wasser. Huii – ist das kalt! Am liebsten wäre Conni gleich wieder umgekehrt. Aber dann klemmt sie sich Fridolin unter den Arm, kneift die Augen fest zusammen und marschiert geradewegs auf die nächste Welle zu. Und schon rollt die Welle heran. Sie wirbelt Conni herum und wirft sie im nächsten Moment kopfüber wieder auf den nassen Sand! Conni spuckt Wasser und schnappt nach Luft und will gerade … Aber halt! Wo ist Fridolin? Conni schaut sich um – weit und breit kein Krokodil! Doch, da hinten, mitten in der Brandung,

da blitzt es grellgrün zwischen den Schaumkronen auf. Aber nur für einen kurzen Moment. Dann ist Fridolin schon wieder hinter der nächsten Welle verschwunden.

Viele Leute kommen jetzt angerannt und ein Junge schreit: „Ein Krokodil! Da hinten ist ein Krokodil!" – „Das gibt's doch nicht!", ruft eine Dame im Bikini. Eine andere jammert: „Wenn es hier Krokodile gibt, packe ich sofort meine Sachen und fahre nach Hause!" Conni sagt gar nichts. Sie will Fridolin wiederhaben, und zwar schnell!

Da kommt zum Glück der Rettungsschwimmer. „Was ist hier los?", will er wissen. Conni erklärt atemlos: „Mein Fridolin ist da draußen! Und wenn ihn keiner holt, wird er ertrinken! Er ist doch zum ersten Mal im Meer!" – „Okay, keine Panik, Leute", sagt der Rettungsschwimmer und stürzt sich ins Wasser. Er taucht einfach unter den Wellen hindurch, macht noch ein paar kräftige Schwimmzüge und schon hat er Fridolin am Schwanz gepackt. Bloß dass er dabei aus Versehen den Stöpsel herauszieht … Wie ein Düsenflugzeug saust Fridolin durch die Wellen direkt auf den Strand zu! „Hurrah!", ruft Conni. „Flatsch!", klatscht Fridolin neben Conni auf den Sand. „Pfff …", hört man die Luft entweichen, bis Fridolin nichts weiter ist als eine schlaffe, grüne Hülle.

„Hoffentlich ist er nicht kaputt", denkt Conni und streichelt die grüne Pelle. Aber da kommt Papa angelaufen. In der Hand hält er die Luftpumpe, mit der er vorhin die Luftmatratzen aufgepumpt hat. Und in null Komma nichts ist aus der schlaffen Hülle wieder ein praller Fridolin geworden!

„Das Meer ist eben nichts für ein Krokodil", sagt Conni und drückt ihren Fridolin ganz fest an sich. Sie holt ihre Schaufel und beginnt ein großes Loch zu buddeln. Dann kippt Conni Meerwasser hinein. Und schon hat Fridolin einen richtigen Teich für sich alleine. Zufrieden dümpelt Fridolin in der Sonne vor sich hin. Der Rettungsschwimmer passt auf, dass nicht etwa eine große Welle kommt und Fridolin wieder ins Meer spült.

Und Conni kann zum zweiten Mal an diesem Tag ein Bad nehmen. Diesmal allerdings fest an Papas Hand!

Ein Löwe feiert Geburtstag

Eine Geschichte von Larissa Vassilian
Mit Bildern von Irmtraut Teltau

Der Löwe saß wie jeden Tag auf seinem Löwenhügel und langweilte sich. Er hatte genug zu essen und er brauchte niemals jagen zu gehen, denn das erledigten andere für ihn. Der Löwe war nämlich der König aller Tiere. Alle bewunderten ihn so sehr, dass sich fast nie jemand zu ihm traute. Und darum hatte er auch keinen einzigen Freund.

All das machte ihn traurig. Es machte ihn so traurig, dass er schon nicht mehr wusste, wann er das letzte Mal gelacht hatte.

Vor lauter Traurigkeit und Langeweile merkte der Löwe gar nicht, dass ein kleines, graues Erdhörnchen auf ihn zugerannt kam. Das Tierchen war völlig außer Atem, es keuchte und hechelte. Dann machte es einen großen Satz und landete direkt auf der Nase des Löwen. Wenig später kam eine Hyäne angerannt. Als sie den Löwen sah, wurde sie sehr höflich, weil dieser ja schließlich der König war. „Entschuldigen Sie, Eure Majestät, aber haben Sie hier irgendwo mein Mittagessen gesehen?", fragte die Hyäne. Der Löwe war völlig verdutzt. Er schielte nach seiner Nase, aber da war nichts mehr. Die Hyäne wurde ungeduldig. „Na, was ist denn nun? Wo ist der kleine Nager hin?", fragte sie, nun schon etwas weniger höflich. Da merkte der Löwe ein Ziepen in seiner Mähne. Ach, da steckte jetzt das Erdhörnchen – in seiner Krone. „Ich hab kein Mittagessen gesehen", antwortete der Löwe gelangweilt und gähnte, damit die Hyäne seine spitzen Zähne sah. Da machte sich die Hyäne schnell aus dem Staub.

Als sie verschwunden war, schüttelte der Löwe so lange den Kopf, bis das Erdhörnchen aus seiner Krone purzelte. „Danke", stammelte das Erdhörnchen. Und dann erinnerte es sich daran, was seine Großmutter immer gesagt hatte. Wenn jemand nett zu dir ist, dann musst du auch nett zu ihm sein. Also fragte das Erdhörnchen: „Du, Majestät, was wünschst du dir?" Der Löwe überlegte lange. Schließlich hatte er schon alles, was er wollte:

Edelsteine, ein eigenes Land, genug zu essen … Doch dann fiel es ihm plötzlich ein. „Ich hab heute Geburtstag", erklärte er mit tiefer Stimme, „willst du mit mir feiern?" Denn am Geburtstag des Königs feierten in Afrika alle Tiere mit ihren Familien und waren glücklich. Nur der König nicht, weil er keine Familie hatte.

„Gut", sagte das Erdhörnchen, „wer backt den Kuchen?" – „Wozu Kuchen?", fragte der Löwe erstaunt. „Damit du Kerzen ausblasen kannst!", antwortete das Erdhörnchen ungeduldig. Da dröhnte die tiefe Stimme des Löwen: „Wozu denn?" Das Erdhörnchen schlug sich mit der Hand an die Stirn: „Na, damit du dir was wünschen kannst!" – „Ach so, verstehe", murmelte der Löwe. „Das hatte ich ganz vergessen." Es war schon so lange her, dass der Löwe Geburtstag gefeiert hatte.

„Ich sehe schon, ich muss den Kuchen selber backen", seufzte das Erdhörnchen. „Hast du einen besonderen Wunsch?" Die Augen des Löwen begannen zu leuchten. „Oh ja", sagte er, „ich will einen Schokoladenkuchen mit Sahne, Mandelsplittern und roten Kirschen." Das Erdhörnchen ging nach Hause und machte sich an die Arbeit. Nach zwei Stunden kam es mit verklebtem Fell und einer halben Kirsche auf dem Kopf wieder hervor. In den Händen hielt es einen großen Kuchen, auf dem gelbe Kerzen brannten. Es stellte den Kuchen vor den Löwen, der gerade ein Nickerchen machte. Langsam stieg dem Löwen der Schokoladengeruch in die Nase und er wachte auf. „Da sind ja Mandelsplitter und Sahne und Kirschen!", stotterte er vor Freude, als er den Kuchen sah. Dann pustete der Löwe die Kerzen aus und wünschte sich, dass das Erdhörnchen sein Freund werden würde. Und während die beiden zusammen den Kuchen aßen, erzählten sie sich Geschichten und lachten viel. Bald zog das Erdhörnchen zum Löwen auf den Löwenhügel und sie wurden gute Freunde.

Das Indianer-Wochenende

Eine Geschichte von Katrin M. Schwarz
Mit Bildern von Kerstin M. Schuld

Mona und Tine sind sofort Feuer und Flamme, als sie das Plakat mit der Ankündigung am Ponyhof entdecken: ein Indianer-Wochenende mit Ponys und Zelten. „Toll", ruft Mona, „zwei Tage lang reiten!" Da wollen sie unbedingt mitmachen. Die Eltern haben nichts dagegen. „Passt nur auf, dass in der Nacht keine Pferdediebe kommen", lacht Monas Papa.

Bald schon ist es so weit. Acht Mädchen haben sich bei der netten Reitlehrerin Kati angemeldet. Proviant und Zelte sind gepackt. Vor dem Aufbruch putzt Mona ihren Sturmy besonders gründlich. „Du sollst das schönste Pony in der weiten Prärie sein", flüstert sie ihm ins Ohr. Die Prärie ist auch gar nicht weit weg. Nach einem flotten Ritt durch den Wald lassen die Mädchen die Ponys erst einmal an einem Teich trinken. Wenig später erreichen sie eine große Koppel.

„So, ihr Indianerinnen, jetzt heißt es Zelte aufbauen!", ruft Kati. Mona ist glücklich. Die Koppel mit ihrem Holzzaun sieht nach einem sicheren Ort zum Übernachten aus. Die Zelte sind leicht aufzubauen. Immer zwei Mädchen teilen sich eins. Mona und Tine sehen sich zufrieden an. Sie haben ihre Schlafsäcke auf die Luftmatratzen gelegt und ihr Indianer-Zimmer sieht jetzt sehr gemütlich aus. Doch zum Schlafengehen ist es noch viel zu früh. Jetzt zeigt ihnen Kati erst einmal, wie man als Indianer ohne Sattel reitet. Später hat Kati noch eine weitere Herausforderung für die Indianer-Mädchen: Sprungübungen! Eine niedrige Hecke dient als Hindernis. Mutig treiben die Mädchen die Pferde darauf zu. Mona beugt sich vor und klopft ihrem Pony den Hals: „Wir schaffen das!" Und wie sie es schaffen. Sturmy nimmt Anlauf

und setzt gekonnt über die Büsche hinweg. „Super, Sturmy!", jubelt Mona. Als die Ponys müde sind, gehen die Mädchen Holz sammeln. Bald prasselt ein Lagerfeuer auf der Wiese. Die Indianerinnen sitzen auf Heuballen um das Feuer herum und genießen Kartoffeln und Stockbrot. Kati erzählt die Geschichte von Büffelherz und seinem treuen Pony Feuerhuf.

Das Lagerfeuer ist fast heruntergebrannt und Mona fühlt die Kühle der Nacht. Kati löscht die letzte Glut. „Ab in die Schlafsäcke", befiehlt sie fröhlich. Das lassen sich die Mädchen nicht zweimal sagen. In ihrem Zelt kuscheln sich Mona und Tine aneinander und lauschen dem Schnauben der Ponys.

Früh am Morgen wird Mona vom Vogelgezwitscher geweckt. Schnell kriecht sie aus dem Zelt, um Sturmy zu begrüßen. Doch der ist nirgends zu sehen. Bobby, Flicka und die anderen Ponys schauen Mona erwartungsvoll an. Aber wo ist Sturmy?

Auch Kati ist schon auf den Beinen. Gemeinsam suchen die beiden die ganze Koppel ab. Kein Sturmy. Stattdessen entdecken sie eine kaputte Stelle im Holzzaun. „Hier könnte er hinübergesprungen sein", meint Kati.

Schnell werden die anderen Mädchen geweckt. „Wir verteilen uns und suchen Sturmy im Gelände", ordnet Kati an. „Tine und Mona, ihr reitet auf Bobby zum Hof zurück. Vielleicht ist er ja nach Hause gelaufen." Zu zweit auf einem Pony! Das hat Mona noch nie gemacht. Es könnte so schön sein, wenn nur die Sorge um Sturmy nicht wäre! Während des ganzen Ritts hält Mona die Daumen gedrückt. „Bitte, lass Sturmy beim Stall sein", flüstert sie. Als sie in den Hof einbiegen, hört sie Bobby fröhlich wiehern. Und tatsächlich!

Sturmy steht in der Stallgasse und zupft seelenruhig frisches Heu von der Schubkarre. Mit einem Satz springt Mona vom Pferd und läuft erleichtert auf das Pony zu. „Du hattest wohl genug vom Indianerspielen!" Lachend schlingt Mona ihm die Arme um den Hals: „Du bist ein toller Springer, aber ein Indianerpony wirst du nie!"

Kleiner Frosch ganz groß

Eine Geschichte erzählt und illustriert von Michael Schober

Fritze Frosch saß hübsch besprenkelt am Tisch und ließ immer wieder den Löffel in den Suppenteller sausen. „Plitschplatsch", quakte er vergnügt und lachte. „Musst du immer essen wie ein kleines Ferkel?", schimpfte Fritzes Mama. Doch das half gar nichts. Denn gerade als Fritze sich mit der Serviette den Mund abwischen wollte, stieß er auch noch seinen Becher um, und alles schwappte auf den Tisch.

Um keinen Ärger zu bekommen, sprang Fritze schnell auf. Er knallte die Haustür zu und lief in den Garten. Fritzes Mama lief ihm hinterher und knallte ebenfalls die Haustür zu.

„Oh nein", rief sie gleich darauf, „jetzt habe ich uns ausgesperrt!" – „Dann soll Papa die Tür aufschließen", sagte Fritze. Aber Papa kam immer erst abends nach Hause.

Ratlos standen sie vor dem Haus. „Wir müssen irgendwie ins Haus kommen", stöhnte Mama, „es sieht nach Regen aus." Doch alle Fenster und Türen waren geschlossen.

„Da oben im Schornstein, da ist ein Loch, Mama, oder?" Fritze hatte eine Idee. Sie stiegen vorsichtig über eine Leiter auf das Dach und sahen in den Schornstein.

„Aber das Loch im Schornstein ist viel zu klein für mich", seufzte Fritzes Mama verzweifelt. „Ich kann da nicht durchschlüpfen."

„Für mich ist das Loch nicht zu klein", stellte Fritze fest. Etwas mulmig war ihm schon, aber er wollte es trotzdem versuchen. Schwupps, war er in dem schwarzen Tunnel verschwunden.
Vorsichtig rutschte er durch den Kamin und landete mit einer schwarzen Rußwolke

im Wohnzimmer. Fritzes Mutter wartete gespannt vor der Haustür. Da riss Fritze die Haustür auf. Ein über und über schwarz beschmierter kleiner Frosch strahlte seine Mutter an und fiel ihr in die Arme. Sie drückte ihn ganz fest an sich.

„Ach, Fritze", strahlte seine Mama, „du bist ein Held, weißt du das? Du hast uns gerettet, mein Schatz." – „Ach, Mama, und du siehst aus wie ein kleines Ferkel", lachte Fritze. Denn der schwarze Ruß, den Fritze Frosch aus dem Kamin mitgebracht hatte, war nun auch im Gesicht seiner Mutter.

Jetzt fing es an zu regnen. Und die beiden tanzten noch so lange im Garten, bis der Regen beide wieder blitzblank gewaschen hatte.

Vincent auf hoher See

Eine Geschichte von Manuela Mechtel
Mit Bildern von Susanne Wechdorn

Alle rufen immer „Winzi!", wenn sie Vincent meinen. Dabei wird Vincent schon bald vier und ist gar nicht mehr so klein! Natürlich ist er kleiner als seine große Schwester Aurora. Aber Aurora ist auch schon elf! Da ist sie natürlich viel größer!

„Auri", bettelt Vincent, „spielst du mit mir?" Aurora liegt auf ihrem Sofa und liest einen Comic. „Was denn?!", stöhnt sie. „Pirat!", bettelt Vincent. „Ich bin der Pirat und du bist meine Piratenkönigin. Und dann fahren wir mit unserem Piratenschiff ganz weit weg. Bis dahin, wo das Wasser an den Himmel stößt und die vielen Fische sind! Und dann fangen wir uns Schätze! Goldfische. Silberfische. Edelsteine!" Aurora pfeffert ihren Comic auf den Teppich. „Also meinetwegen. Wo ist unser Schiff?"

„Ein echtes Piratenschiff ist immer aus Holz!", entscheidet Vincent. Er guckt sich im Zimmer um. Sein Blick fällt auf Auroras Kleiderschrank. Der ist aus Holz. „Wir können uns doch nicht in

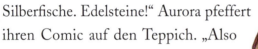

den Schrank setzen!", lacht Aurora. „Doch", sagt Vincent und zieht die Schublade unten heraus. Sie ist so breit wie der ganze Schrank und groß genug, um als Piratenschiff zu dienen. „Die nehmen wir!", sagt Vincent entschlossen und schmeißt Auroras Pullover raus. Dafür legen sie viele Kissen in die Schublade rein. Sie holen Proviant für die lange Seereise aus der Küche: eine Flasche Limo und Kekse. Papa kocht heute. Vincent lässt sich von Papa ganz viele Gabeln dazugeben, weil er leider keine echten Piratenmesser bekommt. „Piratengabeln", nickt Vincent zufrieden. „Damit können wir die Seeschlangen aufpiken, wenn sie uns angreifen." – „Seeschlangen gibt es nicht", ruft Aurora. „So ein

Quatsch!" Papa lacht. „Na, dann spielt mal schön." Sie laufen die Treppe rauf in Auroras Zimmer und lassen sich mit allen Sachen, die sie im Arm haben, in ihr schönes Piratenschiff plumpsen. Vincent plumpst genau auf eine Piratengabel. Ihre Zinken piken in seinen Popo. Kreischend springt er hoch, verliert das Gleichgewicht und fällt mit voller Wucht auf Aurora. Es kracht. Aurora kippt rückwärts auf den Teppich und Vincent obendrauf. Das schöne Piratenschiff ist entzweigebrochen.

Vincent stürzt aus dem Zimmer und schreit: „Paapaa!" Der lässt erschrocken seine Töpfe und Pfannen stehen und rast die Treppe rauf. Vincent klammert sich an sein Hosenbein. „Unser Schiff sinkt!", schluchzt er. Papa schmunzelt. „Nein, wirklich!", beteuert Vincent. „Wir wollten gerade losfahren, da war es gleich kaputt!" Aurora sitzt neben der Schublade auf dem Teppich. Papa schimpft gar nicht. Er lacht! „Ihr seid wohl auf ein Riff gelaufen?", prustet er. „Kein Wunder, bei dem hohen Seegang!" Er macht seinen Zeigefinger nass und hält ihn prüfend hoch. „Was für ein Sturm!", fügt er augenzwinkernd hinzu. „Mindestens Windstärke zehn!"

„Das war Winzis Idee!", verteidigt sich Aurora. „Außerdem hat er sich auf die blöden Gabeln gesetzt." – „Na und?!", ruft Vincent. „Die Gabeln sind nicht blöd! Das sind echte Piratengabeln!" – „Es ist ja nichts Schlimmes passiert!", beschwichtigt sie Papa. „Die Schublade kann ich nachher reparieren. Für den Moment braucht ihr allerdings ein neues Schiff." Erleichtert schlägt Aurora vor: „Nehmen wir doch mein Sofa!" Vincent will sofort an Bord. Sie tragen den Proviant durch das tiefe Wasser, von einem Piratenschiff zum anderen, und stechen endlich in See!

Pixi trifft eine Elfe

Eine Geschichte von Simone Nettingsmeier
Mit Bildern von Dorothea Tust

Pixi hat gerade einen Kuchen gebacken. Da kommt Hase Langbein mit Riesenschritten angelaufen. „Pixi, komm schnell, Umbärto hat eine Elfe gefunden!" – „Eine Elfe?", fragt Pixi und saust mit dem Hasen los. Tatsächlich, direkt am Bach sitzt eine wunderschöne Elfe. „Hast du dich verlaufen?", fragt Umbärto vorsichtig. Aber die Elfe antwortet nicht. „Sie ist ganz erschöpft", meint Pixi. „Am besten nehmen wir sie mit nach Hause."

Vorsichtig trägt Umbärto die Elfe in Pixis Garten. „Jetzt gibt es erst einmal Kuchen", schlägt Pixi vor. „Der hilft immer, egal, was passiert ist." – „Au ja", rufen Umbärto und Langbein. Auch die kleine Elfe probiert ein Stück. Der Kuchen schmeckt wirklich lecker. Nach einer Weile sieht die Elfe schon viel besser aus. „Wie heißt du?", fragt Langbein. „Ich bin Lulu", verrät die Elfe. „Und wie kommst du in unseren Wald?", fragt Pixi nach. „Unsere Königin kann seit vielen Wochen nicht mehr schlafen", erklärt Lulu. „So wurden wir vom Elfenrat in den Wald ausgeschickt, um neue Heilkräuter zu finden. Aber ich habe nur solche entdeckt, die wir im Elfenreich schon kennen", seufzt Lulu. „Deshalb bin ich immer weiter geflogen, bis ich hier gelandet bin."

„Da hilft nur eins", meint Pixi. „Wir helfen dir und fragen all unsere Freunde! Wenn sich hier jemand auskennt mit Kräutern, dann sind das die Waldbewohner!" – „Genau!", rufen Umbärto und Hase Langbein begeistert. „Wir sagen allen Bescheid." – „Und wir kochen in der Zwischenzeit Kakao", meint Pixi zu der kleinen Elfe.

„Du wirst sehen, die Waldbewohner helfen dir gern." – „Meinst du?", fragt Lulu und schwebt hinter Pixi her in die Höhle.

Kurze Zeit später ist im Wald richtig was los. Alle Tiere sind unterwegs, um für Lulu Kräuter zu sammeln. Umbärto ist zu seinem Lieblings-Bienenkorb gelaufen. „Vielleicht kennen die im Elfenland ja auch keinen Honig", ruft er Langbein zu. Doch der schüttelt nur seine langen Ohren. „Honig ist doch kein Heilkraut!", meint der Hase. Lulu sieht sich derweil in Pixis Höhle um. „Du wohnst aber komisch", lächelt sie. „Warum?", fragt Pixi und stellt den Milchtopf auf den Herd. „Unsere Königin wohnt in einem richtigen Schloss mitten im Zauberwald", erklärt die Elfe.

Doch bevor sie weitererzählen kann, bringen die Waldtiere reich gefüllte Körbe in Pixis Höhle. „Das ist aber lieb", meint Lulu und schwebt aufgeregt hin und her. Da kommt Umbärto mit dem Honigtopf angerannt. Doch in seinem Eifer stolpert er über einen der Körbe. Und so landen zwei riesige Kleckse Honig in Pixis Milch. „Oje, jetzt gibt es keinen Kakao", meint Umbärto beschämt.

„Ach, wir probieren einfach deine Mischung", lacht Pixi und gibt jedem einen Becher Honigmilch. „Uh, ich bin plötzlich ganz müde", gähnt Langbein und schläft ein. „Das ist es!", ruft Pixi. „Dieses Rezept ist ein Schlaftrunk! Bestimmt lässt er auch die Elfenkönigin wieder schlafen." – „Meinst du?", fragt Lulu hoffnungsvoll. „Na klar!", ruft Umbärto erleichtert. „Wir füllen dir gleich ein bisschen ab."

Nur kurze Zeit später schwebt Lulu davon – mit einem Töpfchen Honigmilch und sicherheitshalber einem Körbchen mit Kräutern. „Habt Dank", ruft sie Pixi und den anderen zu. „Wenn es klappt, sende ich euch ein Zeichen!" Am nächsten Morgen wachen Pixi und seine Freunde auf und reiben sich verwundert die Augen. „Überall im Wald blühen kleine Blumen!", staunt Hase Langbein. „Ja", freut sich Pixi. „Viele Grüße aus dem Elfenland!"

Schäfchen Klecks und die Sterne

Eine Geschichte von Ana Zabo
Mit Bildern von Sven Leberer

Eines Abends hörte das kleine Schaf Klecks, wie die Alten von vergangenen Zeiten erzählten. „Früher war die Nacht noch dunkel", schwärmten sie. „Da war der Himmel ganz schwarz. Der Mond und die Sterne leuchteten hell." Und die Uroma klagte: „Nirgends mehr ist es noch so richtig dunkel." – „Wer weiß", sagte Klecks. „Ich will losgehen und den Ort suchen, wo die Nacht am dunkelsten ist." – „Ja, geh nur", lächelten Mama und Papa. „Es ist gut, wenn ein kleines Schaf sich früh in der Welt umsieht."

Zuerst lief Klecks in die falsche Richtung. Er kam immer weiter in die Stadt. Von der Nacht war schon nichts mehr zu sehen.

Da bemerkte er einen Hund. „Hallo, Hund", grüßte Klecks. Der Hund drehte sich um. Ihm war nachts in der Stadt noch nie ein Schaf begegnet. „Ja, bitte?", antwortete er. „Ich suche den Ort, wo die Nacht am dunkelsten ist", sagte Klecks. Der Hund kratzte sich mit der Pfote hinterm Ohr. „Völlig falsche Richtung", sagte er. „Am besten, du nimmst die Straßenbahn. Stadtauswärts. Bis zur Endstation."

In der Straßenbahn war es sehr hell. Sie ruckelte und zuckelte. Klecks konnte nicht erkennen, ob die Nacht draußen dunkler oder heller wurde. Schließlich schnaufte die Bahn und rührte sich nicht mehr. Durch die offenen Türen wehte der Nachtwind herein. Das ist wohl die Endstation, überlegte das kleine Schaf und stieg aus. Am Straßenrand leuchteten noch immer Laternen. Und Autos sausten vorbei. Ich will mich ins Feld schlagen, dachte Klecks und sprang über einen Graben.

Auf dem Feld saß ein Kaninchen und knabberte Möhren. „Ich suche den Ort, wo die Nacht am dunkelsten ist", sagte Klecks. „Wenn's weiter nichts ist", entgegnete das Kaninchen und führte das Schaf zu seinem Bau. „Komm nur herein", sagte das Kaninchen. „Und?", fragte es stolz. „Ist es das, was du suchst?" Klecks verdrehte seinen Kopf. „Aber wo ist der Mond? Wo sind die Sterne?" – „Du hast wirklich noch nichts von der Welt gesehen. Dies ist eine Höhle, ein Kaninchenbau! Hier unten gibt es keinen Mond und keine Sterne." Klecks kroch, mit den Hinterpfoten voran, wieder aus dem Bau hinaus. „Trotzdem schönen Dank", sagte es. „Bloß, was nützt mir die Nacht ohne Mond und ohne Sterne?"

Schließlich kam Klecks in einen Wald. Wieder konnte es den Himmel nicht sehen. Das Blätterdach war dicht und undurchdringlich. „So spät noch unterwegs?", wisperte plötzlich, oben vom Baum herab, eine Fledermaus. Klecks erzählte ihr, wonach es suchte. Die Fledermaus flog voraus und führte das kleine Schaf zu einer Lichtung mitten im Wald.

Merkwürdig. Dort standen zwei … drei … vier, viele grauweiße Knäuel herum. „Da kommt ja Klecks!", riefen die Knäuel im Chor. Es waren die alten Schafe. Auch sie hatten sich auf den Weg gemacht. Klecks freute sich riesig.

Dann wandten sie ihre Blicke nach oben. Und wirklich: Hier war der Himmel tiefschwarz. Der Mond und die Sterne leuchteten so hell, wie es das kleine Schaf noch nie zuvor gesehen hatte.

„Ist es nicht schön?", sagten die Alten.

„O ja", seufzte Klecks.

Kapitän Sternhagel und die Seehundschule

Eine Geschichte erzählt und illustriert von Alfred Neuwald

„Wer zuerst im Wasser ist, hat gewonnen", ruft Kapitän Sternhagel. Das lässt sich sein Seehund Rudi natürlich nicht zweimal sagen und schon laufen die beiden Freunde um die Wette über den Strand. „Hurra", freut sich der Kapitän. „Oink, oink", bellt auch Rudi vergnügt. „Was für ein herrliches Badewetter", schnauft Kapitän Sternhagel. Der alte Seemann genießt die kühle Erfrischung. Auch sein Seehund quietscht vergnügt. Plötzlich springt Rudi jaulend aus dem Wasser. „Keine Angst, mein Kleiner. Das ist doch nur eine Qualle. Die tut niemandem etwas", versucht er den Seehund zu beruhigen. Doch Rudi bleibt misstrauisch.

„Hmmm", brummt Kapitän Sternhagel. „Du hast bisher fast nur hier am Strand gelebt und weißt daher noch sehr wenig über das Leben im Meer. Wahrscheinlich wäre es das Beste für dich, eine Weile in die Schule zu gehen. Nicht weit von hier gibt es eine Seehundschule auf einer Sandbank. Die könntest du besuchen", schlägt er seinem Freund vor. Rudi ist von dieser Idee überhaupt nicht begeistert. Der kleine Heuler traut sich nicht auf die Sandbank. Dort sind so viele andere Seehunde und er kennt nicht

einen von ihnen. Um ihn doch noch zu überreden, füllt der Kapitän eine Schultüte mit frischem Fisch. „Lecker, was? Die sind alle für dich, wenn du heute in die Schule gehst", verspricht Kapitän Sternhagel. Da kann Rudi natürlich nicht widerstehen. Satt und zufrieden paddelt der kleine Heuler zur Sandbank. Und es ist überhaupt nicht schlimm. Die anderen Seehunde sind auch in seinem Alter und alle sehr nett. Schon bald hat Rudi viele neue Freunde und eine Menge Spaß. Beim Tauchunterricht ist Rudi nicht so gut wie die anderen. Ihm fehlt einfach die Übung. Aber im Jonglieren macht ihm keiner was vor. Er bekommt eine Eins mit drei Seesternchen. „Oink, oink, oink!"

Jeden Tag, wenn Rudi von der Schule nach Hause kommt, hat er dem Kapitän viel zu berichten. Heute sollen die jungen Seehunde etwas über sich selbst erzählen. Rudi findet es sehr interessant, was seine Schulkameraden schon erlebt haben.

Als er an die Reihe kommt und berichtet, dass er mit Kapitän Sternhagel auf einem Schiff lebt, machen alle große Augen. Sie wollen unbedingt mehr darüber erfahren. „Wir machen einfach einen Klassenausflug dorthin", entscheidet das alte Walross. „Das ist bestimmt sehr lehrreich!"

Kapitän Sternhagel freut sich schon darauf, dass die Schulklasse ihn besucht. Mit seinem Fernglas hält er nach den Seehunden Ausschau. „Schaut euch alles genau an, aber seid vorsichtig und macht nichts kaputt", ermahnt das Walross seine Schützlinge. Und schon stürmen die jungen Heuler auf die „Seestern". Nur sehr selten bekommen Seehunde Gelegenheit, ein Schiff so genau zu untersuchen. Neugierig schnüffeln sie jede Ecke ab. Überall gibt es etwas Interessantes zu entdecken. Stolz zeigt Rudi seinen Freunden, wie man Dinge auf der Nasenspitze balancieren kann. Seehunde lernen sehr schnell und schon bald tanzt alles, was nicht niet- und nagelfest ist, auf Seehundnasen herum. „Nun ist aber genug. Kommt gut nach Hause", sagt Kapitän Sternhagel und spendiert jedem Seehund noch einen Rollmops. Dann machen sich alle auf den Heimweg. „Oink, oink, oink", ruft Rudi seinen Freunden fröhlich hinterher. Der kleine Seehund taucht nun genauso gut wie jeder andere Seehund und mit der Qualle hat er sich auch angefreundet.

Zwei kleine Bären und der Drache

Eine Geschichte von Friederun Schmitt
Mit Bildern von Ulla Bartl

Es hat den ganzen Tag und die ganze Nacht geregnet. Brummel, der kleine Bär, wacht am nächsten Morgen auf und wischt über seine Schnauze. Ein dicker Wassertropfen ist auf seine Nase gefallen. „Lummel, guck mal, von der Höhlendecke tropft es." – „Du träumst", murmelt Lummel verschlafen. „Nein", widerspricht Brummel aufgeregt, „unsere Höhlendecke ist undicht."

Lummel ist jetzt hellwach. Schnell holt er einen Eimer und stellt ihn unter die tropfende Stelle. „In unserer Vorratskammer ist es auch ganz feucht", ruft Brummel erschrocken, als er Honig und Nüsse zum Frühstück holen will. „Wir brauchen eine neue Bärenhöhle", stellt Lummel fest. Brummel nickt. Und sie machen sich gleich auf die Suche. Unterwegs treffen sie den Hasen. „Ich helfe euch", bietet er an und saust los. „Ich hab was gefunden", hören sie ihn bald darauf rufen. Er steht vor einer kleinen Höhle, die mit Gras bewachsen ist. „Das ist doch nur was für Hasen", stellt Brummel enttäuscht fest. Und der Hase trollt sich davon.

Kurz darauf entdeckt Lummel einen leeren Fuchsbau. Vorsichtig steckt er seinen Kopf in den Eingang. Plötzlich landet ein Haufen Dreck auf seiner Schnauze. „Das ist meine Wohnung", ruft eine fette Wanderratte, die es sich in dem leeren Fuchsbau gemütlich gemacht hat. Die kleinen Bären suchen weiter. Schließlich kommen sie zu einem Felsenhügel. Da spitzt Lummel auf einmal die Ohren.

„Hörst du das Schnarchen?", fragt er leise. „Es kommt von da hinten." Brummel nickt. „Dort ist ein Höhleneingang", flüstert er und zieht Lummel aufgeregt durch die dunkle Felsöffnung.

Doch gleich darauf bleiben die beiden Bären wie angewurzelt stehen. Im Dämmerlicht der Höhle entdecken sie einen kleinen, schlafenden Drachen. Er sieht nicht besonders gefährlich aus. Vorsichtig berührt Brummel einen der schillernden Zacken auf dem Drachenrücken. Im selben Moment wacht der Drache auf und sieht die Bären aus schmalen Augen an. „Wer seid ihr?", fragt er. „Brummel und Lummel", antwortet Lummel schnell und bekommt vor Aufregung einen Schluckauf. „Drachen, hick, kennen wir nur aus Geschichten." – „Bären wie euch kenne ich auch nur aus Geschichten", sagt der kleine Drache lachend. Der Drache und die beiden Bären setzen sich vor die Höhle und bestaunen sich gegenseitig. Die Bären erzählen, warum sie nach einer neuen Wohnhöhle suchen.

„Und warum bist du in unseren Wald gekommen?", will Brummel wissen. Da wird der kleine Drache mit einem Mal ganz traurig. „Ich mag kein Feuer spucken und bin fortgeflogen, weil mich die anderen Drachenkinder auslachen. Sie nennen mich immer Traudichdoch." – „Du kannst Feuer spucken?", wundern sich die Bären. „Ja, aber mit dem Feuer kann ich noch nicht so gut umgehen. Deshalb spucke ich nur heißen Atem. Wollt ihr mal sehen?"

Die Bären staunen, als aus dem Maul des Drachen kleine Wolken aufsteigen. „Könntest du mit deinem heißen Atem unsere Wohnhöhle trocknen?", fragt Brummel zögernd. „Klar", sagt Traudichdoch, als wenn es das Leichteste auf der Welt wäre. Die kleinen Bären schnaufen vor Erleichterung. Schnell machen sich die drei auf den Weg. Der Drache bewundert die gemütliche Bärenhöhle. Sofort macht er sich an die Arbeit. Er trocknet mit seinem heißen Atem jeden Winkel. „Du bist ein toller Freund", rufen die Bären dem davonfliegenden Drachen nach, „besuch uns bald wieder." – „Versprochen", ruft Traudichdoch zurück.

Am Abend legen sich die beiden Bären in ihrer trockenen Wohnhöhle schlafen. Und Lummel träumt, wie er mit Brummel auf dem Rücken des kleinen Drachen über den Wolken fliegt.

Das Rennen von Monte Karacho

**Eine Geschichte von Christian Tielmann
Mit Bildern von Barbara Korthues**

Prinz Karl-Heinz von Monte Karacho packte gerade seine nigelnagelneue Seifenkiste aus, da kam ihm eine tolle Idee: „Wir machen ein Seifenkistenrennen." Mit diesem Rennwagen gewinne ich sowieso, dachte der Prinz und lächelte zufrieden vor sich hin. Zu Hause bei den von Schmidts war Viktoria von Schmidt von der Idee für das Seifenkistenrennen begeistert: „Da machen wir mit!", rief sie. „Morgen Nachmittag um drei fällt der Startschuss!" – „Vergiss es." Ihr Bruder, Franz der Dritte, schüttelte den Kopf. „Prinz Karl-Heinz hat soeben eine nigelnagelneue Sport-Seifenkiste gekriegt. Gegen diesen Rennwagen haben wir sowieso keine Chance." – „So, so, eine Seifenkiste", murmelte Oma, die neugierig zugehört hatte. „Da habe ich eine Idee …"

Am Nachmittag schleppten Viktoria und Franz der Dritte jede Menge Bastelzeug in Omas Labor: dreizehn Räder, einen Liegestuhl, acht Flöten, ein paar Fahrraddynamos, drei Kilo Kernseife, allerlei Kabel und Schläuche und das alte Himmelbett von Onkel Horst. Die ganze Nacht schufteten die drei in Omas Labor. Sie hämmerten, schraubten, sägten, schweißten und schwitzten gewaltig. Erst im Morgengrauen waren sie fertig.

Punkt drei Uhr am Nachmittag wartete der Prinz von Monte Karacho bereits ungeduldig

auf den Startschuss: „Wann geht's denn endlich los?" – „Moment, es fehlen noch die von Schmidts", sagte der Schiedsrichter. Und da kamen die von Schmidts auch schon um die Ecke gebraust. Prinz Karl-Heinz von Karacho lachte sich schlapp, als er Oma von Schmidts Seifenkiste sah. „Das Lachen wird dir schon noch vergehen, mein Lieber", murmelte Oma. Der Startschuss hatte kaum Zeit zu knallen. Schon sauste der Prinz den Berg hinunter. Dahinter fegten die Bäckerin, der Metzger und die Feuerwehrhauptfrau in ihren Kisten mit quietschenden Reifen durch die Kurven. Und Oma von Schmidt mit ihren Enkeln? Die waren die Letzten. Oma saß am Steuer, Viktoria und Franz sahen den Prinz davonbrausen und raspelten schnell Kernseife in die Seifenlauge. Nach und nach wurde das Bettgestell schneller. Viel schneller. „Seifenblasen marsch!", rief Oma und steuerte auf einen Abgrund zu. Sie durchbrachen die Absperrung und …

Sie flogen! Viktoria und Franz der Dritte hätten vor Freude fast vergessen, die Kernseife für die Seifenblasen klein zu raspeln. Oma von Schmidt warf einen Blick hinunter auf die kurvige Rennstrecke. Sie lächelte verschmitzt und nahm die Abkürzung direkt zum Ziel.

Der Schiedsrichter traute seinen Augen kaum, als Oma von Schmidt mit ihren Enkeln auf einer Wolke aus Seifenblasen durchs Ziel schwebte. Das hatte es noch nie gegeben: Prinz Karl-Heinz von Monte Karacho war nur Zweiter. „Verrat! Betrug! Schweinerei!", schrie der Prinz, als er über die Ziellinie brauste. Aber der Schiedsrichter blieb hart: Viktoria, Franz der Dritte und Oma von Schmidt waren die Sieger!

„Nächstes Mal machen wir ein Bootsrennen", raunte Prinz Karl-Heinz der Oma zu. „Ich hab mir schon ein nigelnagelneues Rennboot bestellt." – „So, so, ein Rennboot", murmelte Oma von Schmidt. „Ich glaube, da habe ich eine Idee…"

Der erste Ausflug

Eine Geschichte von Simone Nettingsmeier
Mit Bildern von Barbara Korthues

Gleich ist Schulschluss. Pauline und Jan haben die ganze Stunde lang Rechnen geübt. „Weil morgen unser Ausflug ist, bekommt ihr keine Hausaufgaben auf", sagt die Lehrerin, Frau Maron. Die Klasse jubelt. „Moment", ruft Frau Maron. „Wir schreiben aber noch ins Hausaufgabenheft, was ihr zum Ausflug mitbringen sollt."

Als Pauline alles aufgeschrieben hat, klingelt die Schulglocke. Sie rennt nach Hause. „Ich brauche einen Rucksack und Gummistiefel, morgen ist doch unser Ausflug!", sprudelt es aus Pauline heraus, als sie zur Tür reinkommt. „Langsam", sagt Papa, „erst einmal brauchst du Spaghetti mit Tomatensoße." – „Keine Zeit", ruft Pauline und flitzt nach oben in ihr Zimmer

Am nächsten Morgen klingelt Jan aufgeregt an Paulines Tür. „Komm, sonst fahren die anderen ohne uns ab." Schnell schnappt sich Pauline den Rucksack, und die beiden laufen los. Als sie auf dem Platz vor der Schule ankommen, steht dort schon ein großer Reisebus. „Bitte als Zweier-Reihe aufstellen", ruft Frau Maron. Dann dürfen die Kinder einsteigen. Wohin der Ausflug wohl geht? Frau Maron hat nichts verraten. Und so reden sie auf der Fahrt alle fröhlich durcheinander. Nach einer halben Stunde erreichen sie das Ziel: Mitten im Wald hält der Bus auf einem Parkplatz an. Dort sehen sie eine Holzhütte und eine riesengroße Wiese. Vor der Hütte stehen Bänke und Tische. Dort gibt es erst einmal ein leckeres Picknick.

Pauline findet, dass ihr Brot beim Ausflug viel besser schmeckt als in der Schule. Und Jan hat sogar Kuchen für alle mitgebracht. Nach dem Essen bekommt jedes Kind einen Becher, bei dem eine Lupe in den Deckel eingebaut ist.

„Mit den Bechern gehen wir jetzt auf die Wiese und sammeln kleine Tiere ein", erklärt Frau Maron. „Später treffen wir uns hier wieder und gucken, was wir gefangen haben." Die Kinder sind begeistert. Alle versuchen vorsichtig, Käfer oder andere Insekten zu fangen. Das ist gar nicht so einfach. Pauline will unbedingt einen bunten Schmetterling fangen. Aber der fliegt immer wieder weg. Jan hat schon einen Grashüpfer in seinem Becher. Durch die Lupe kann man sogar die Augen gut sehen. „Oh, guck mal", ruft Pauline plötzlich zu ihm hinüber. Auf ihrem Arm krabbelt ein dicker Maikäfer. Vorsichtig legt sie ihn in ihren Lupenbecher.

Der erste Ausflug ist wunderschön: Den ganzen Tag verbringen die Kinder auf der Wiese. Nachdem die Kinder alle Insekten erkannt haben, spielen sie zusammen, bis der Bus sie wieder zur Schule fährt. „Wenn jeder sein Tier freigelassen hat, dürft ihr die Lupenbecher behalten", sagt Frau Maron vor dem Einsteigen. Pauline lässt den Maikäfer nicht frei und legt ihren Becher vorsichtig in den Rucksack. Niemand hat es gemerkt. „Uahhh, ich bin schon ganz schön müde", gähnt Pauline, als sie nach Hause kommt. Sie will sofort in ihr Zimmer gehen. „Wie war denn nun euer Ausflug?", fragt Papa verwundert. „Schöhön", sagt Pauline.

Mehr erzählt sie nicht. Als Papa später in ihr Zimmer kommt, schaut Pauline in ihren Lupenbecher. „Guck mal, Papa, das ist Fridolin", sagt sie und zeigt auf den krabbelnden Maikäfer. „Den habe ich vom Ausflug mitgebracht." – „Oh, ist der schön", sagt Papa. „Aber vermisst er nicht seine Freunde?" – „Hm", meint Pauline. Als Papa nach dem Gutenachtsagen die Tür geschlossen hat, klettert sie noch einmal aus dem Bett. Pauline öffnet das Fenster und holt behutsam den Maikäfer aus dem Becher. „Tschüs, Fridolin", sagt sie leise. Und dann fliegt der Käfer im Mondschein davon.

Bezaubernder Kasimir

Eine Geschichte von Julia Boehme
Mit Bildern von Dunja Schnabel

Gummistiefel sind praktisch. Sehr praktisch sogar, vor allem zum Angeln, findet der Kater Kasimir. Er knotet eine Schnur an die roten Gummistiefel seiner Freundin Leonie und wirft ihn in hohem Bogen in den See vor dem Haus. PLATSCH!

„Pass doch auf!", schnattern die Enten, die er fast mit dem Gummistiefel getroffen hätte. Kasimir passt auf: Er wartet, bis der Stiefel tief auf den Seegrund sinkt. Dann zieht er an der Schnur den Stiefel ganz langsam zu sich heran. Einmal quer durch den Schlick auf dem Grund.

Was man da alles angeln kann: Algenblätter, bunte Kiesel, Wasserschnecken und jede Menge Schlamm natürlich. Kasimir wirft den Angelstiefel gleich noch einmal aus. Doch als er wieder an der Schnur zieht, hängt der Stiefel irgendwo fest. Dich kriege ich schon, denkt Kasimir und zerrt an der Leine. Leider zu fest: Pardauz! Sitzt der Kater auf dem Po, die lose Schnur in den Pfoten. „Kasimir!", ruft Leonie und winkt ihrem Freund vom Bauernhäuschen aus zu. „Weißt du vielleicht, wo mein Gummistiefel ist?" Leonie hat nur einen roten Gummistiefel gefunden und hüpft Kasimir auf einem Bein entgegen. Kasimir zuckt mit den Schultern. Er weiß nicht, wo der Stiefel ist. Wie auch? Schließlich hat er ihn ja verloren. So ein Anglerpech aber auch!

Leonie hüpft weiter zur Weide, doch weder Pony Hubert noch die Kuh Nanett haben ihren roten Stiefel. Sie sucht im Hühnerhaus, im Schweinekoben, sogar im Misthaufen. Doch der Stiefel ist wie vom Erdboden verschwunden. „Was kann man mit einem einzelnen Stiefel schon machen?", seufzt Leonie und wirft den anderen

Gummistiefel in die Mülltonne. Vielleicht ist auf dem Dachboden noch ein altes Paar Stiefel", sagt Leonie und klettert die Leiter hoch. Kasimir kommt mit. Dort oben gibt es allerhand zu entdecken. Sie finden zwar keine Stiefel, dafür aber einen pechschwarzen Zylinder. „Ein Zauberzylinder!", johlt Kasimir begeistert. – „Schön wär's", grinst Leonie, „dann könntest du mir nämlich meinen Gummistiefel herzaubern." – „Natürlich kann ich das", erklärt Kasimir eifrig. „Mit einem Zylinder kann man alles zaubern!" – „So, so", lacht Leonie. „Glaubst du mir etwa nicht?", fragt Kasimir. „Doch, doch", antwortet Leonie und zieht sich ihre Turnschuhe an. Kasimir bereitet alles zum großen Gummistiefelzauber vor. Das dauert natürlich … Heimlich fischt er den Stiefel aus der Mülltonne wieder heraus und legt ihn in einen Karton.

Gespannt wartet Leonie auf der Bank vor ihrem Bauernhäuschen. „Abrakadabra, Abrakadamir!" Kasimir legt seinen Zauberzylinder feierlich in einen großen Pappkarton. „Dreimal schwarzer Kasimir", sagt er beschwörend und wühlt geräuschvoll im geheimnisvollen Karton herum. „Abrakadabra, Abrakadiefel, hier ist der Stiefel!" Kasimir zieht den Zauberzylinder wieder aus dem Karton hervor. Und – Leonie traut ihren Augen kaum – da steckt doch tatsächlich ihr roter Stiefel im Zylinder!

Leonie ist ganz aus dem Häuschen. „Mein Stiefel!", ruft sie begeistert. „Du hast mir meinen Stiefel zurückgezaubert!" Kasimir bekommt einen dicken Schmatz direkt auf seine Nasenspitze. „Ich sollte öfter zaubern", grinst er verlegen. „Ich hätte nie gedacht, dass du zaubern kannst", staunt Leonie. „Ich meine, so richtig zaubern! Du bist wirklich der Größte!" Bevor Kasimir etwas sagen kann, ist Leonie schon bei der Mülltonne. Jetzt muss sie sich noch ihren zweiten Stiefel zurückholen. Leonie beugt sich über die Tonne. „Na, wo ist er denn nur?" Leonie stellt die ganze Tonne auf den Kopf: Doch da ist kein roter Gummistiefel mehr drin. Merkwürdig, sehr merkwürdig …

… oder etwa nicht?

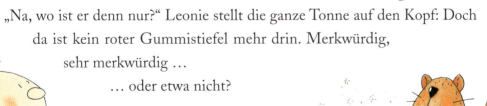

Ein Fohlen auf dem Ponyhof

Eine Geschichte von Hanna Sörensen
Mit Bildern von Barbara Moßmann

Jeden Tag laufen die Freunde Paul und Anna zum Ponyhof. Ihr Lieblingspony Lina wird bald ein Fohlen zur Welt bringen. „Wann ist es so weit?", ruft Paul. „Es dauert nicht mehr lange", lächelt die Tierärztin, die gerade nach Lina schaut.

Einige Tage später hören Anna und Paul leises Prusten im Stall. Schnell schauen sie nach. Das Fohlen ist da! Es kuschelt sich an Linas Bauch. „Ist das süß", freut sich Anna. „Wie nennen wir es?" – „Hm. Es ist ein kleiner Hengst. Bestimmt fällt uns ein Name ein, wenn wir ihn besser kennen", meint Paul. Lina ist von der Geburt erschöpft. Anna und Paul helfen Pferdepflegerin Sophia die Pony-Mama zu füttern, damit Lina schnell wieder zu Kräften kommt. „Was bekommt ein Fohlen zum Frühstück?", fragt Anna.

„Das Fohlen trinkt Linas Milch", sagt Sophia. Anna und Paul beobachten, wie es auf wackeligen Beinen über die Weide staskt und dann bei seiner Mama Milch trinkt. Doch schon wenige Tage später tobt das Fohlen munter umher. Jetzt traut es sich auch etwas weiter von Lina weg. Anna und Paul lachen über seine ausgelassenen Sprünge.

Das Fohlen wächst und wächst. Es trinkt immer noch Linas Milch. Aber es mag jetzt

auch Äpfel und Möhren, die Paul und Anna ihm bringen. „Hast du schon eine Idee für seinen Namen?", fragt Paul. Anna schüttelt den Kopf. Einige Zeit später machen Sophia, Anna und Paul mit Lina und dem Fohlen einen Ausflug. Mit gespitzten Ohren schaut sich das Fohlen um. Es gibt so viel zu entdecken!

Dann ist es so weit: Anna darf das erste Mal seit der Geburt wieder auf Lina reiten. Doch zuerst wird Lina geputzt. Sophia kratzt die Hufe aus. Auch das Fohlen wird gebürstet. Das gefällt ihm gut! Sophia holt Linas Sattel aus der Sattelkammer. Dort wird auch das Zaumzeug aufbewahrt. Anna und Lina freuen sich schon aufs Reiten!

Paul und das Fohlen warten neben dem Reitplatz, während Anna auf Lina reitet. Immer wieder schaut das Fohlen hinüber zu seiner Mutter, doch es bleibt brav bei Paul stehen. „Das Fohlen braucht noch einen Namen", sagt Sophia. Aber Paul und Anna ist noch nichts eingefallen.

Am Abend bringen Anna und Paul die Ponys in den Stall. Lina kuschelt sich ins Stroh. „Ich hab's!", ruft Paul. „Wir nennen das Fohlen Linus." Das findet Anna gut.

Nun ist für alle Schlafenszeit. Sie schauen noch einmal in die Box und verabschieden sich von den Ponys. Linus hat sich ganz nah an seine Mama geschmiegt. „Gute Nacht, Lina! Schlaf gut, Linus!", rufen Anna und Paul ihnen noch zu, bevor sie auch nach Hause gehen.

Ritta Britta

Eine Geschichte von Renus Berbig
Mit Bildern von Barbara Korthues

Ritter, die gab es früher. Im Mittelalter. Rostige Kerle, die sich am liebsten mit langen Lanzen und schartigen Schwertern die Rüstung verbeulten. Weil sie dabei aber nicht so schnell rennen konnten, hatten die meisten von ihnen ein Pferd. Darauf konnten sie dann so richtig rumrittern. Okay, das weiß jeder. Aber die wenigsten wissen, dass es damals auch Ritterinnen gab.

Tja. So eine war Ritta Britta. Sie hatte zwar ein Pferd und auch ein Schwert, aber das übliche Rumrittern fand sie nicht der Mühe wert. Sie stand lieber in ihrer Burg am Herd und kochte Bockshornkleesamensuppe. Typisch Frau, tönten die anderen Ritter. Das war Britta aber schnurzpiepegal. Sie fand, eine Prise Kreuzkümmel hatte entschieden mehr Würze als irgendein lärmendes Kampfgetümmel. Und was die anderen nicht wussten: so ein Schwert eignete sich auch hervorragend zum Petersilieschneiden.

„Suppe fertig!" Ja, ja, wenn dann Ritta Britta um die Mittagszeit von ihrem Turm herabrief, kamen natürlich wieder alle angerannt. Bis auf die, die nur noch humpeln konnten. Die waren etwas langsamer. „Macht nix", sagte Britta ritterlich, „ihr bekommt von mir eine extra Kelle Suppe in den Helm." Das brachte die Ritter dann für gewöhnlich wieder auf die Beine. Und als Rittertrunk gab es Rostwasser. Sowieso. Da saßen dann alle gemütlich zusammen und schlürften und schmatzten und gaben ihre Heldentaten zum Besten. Wer wieder wie viele Ritter verhauen

hatte und so. Und als Preis das Schnäuztuch irgendeiner albernen Königstochter erhalten hatte. „Toll!", staunte Britta jedes Mal. „Das ist ja kaum zu glauben!" – „Oh doch!", sagten die Ritter mächtig stolz und sonnten sich in der allgemeinen Bewunderung.  Es war so richtig lustig und gemütlich. Tja, und so kam es, dass die Mittagspause der Ritter immer länger wurde. Und bald wollte überhaupt keiner mehr von ihnen auf dem Schlachtfeld rumrittern. Dafür halfen die Ritter jetzt Britta beim Kochen. Die einen versuchten Königstöchterschnäuztücher auszukochen, aber das gab keine richtige Suppe. Die anderen würzten Zwiebeln mit Rost und brieten das Ganze. Na ja. Auf jeden Fall waren das bei Ritta Britta damals – und da ist man sich einig – die Anfänge der Hausmannsküche.

Ach ja, ein Ritter namens Lanzelotto de Gorgonzola erfand sogar schon den Partyspieß. Ein Rezept, das zu der Zeit noch etwas unhandlich war. Denn er spießte alles Essbare auf seiner Lanze auf. Aber das ist eine andere Geschichte.

Schnell wie der Wind

Eine Geschichte von Julia Boehme
Mit Bildern von Astrid Vohwinkel

Gerade geht die Sonne auf. Zeit zum Aufstehen, zumindest für kleine Indianermädchen. Kleine Blume blinzelt mit den Augen und kuschelt sich noch einmal in das warme Büffelfell in ihrem Indianerzelt.

Plötzlich fällt ihr ein, dass heute ein ganz besonderer Tag ist. Ihr Vater hat ihr eine Überraschung versprochen! Sofort ist Kleine Blume hellwach.

Kleine Blume ist schrecklich aufgeregt. Was könnte sich Papa wohl für eine Überraschung ausgedacht haben? Zu dumm, dass ihr Vater erst am Nachmittag zurückkommt. Auch ihre Mutter tut geheimnisvoll. „Los, geh spielen!", sagt sie. „Du bist mir heute nur im Weg!" Das sagt sie sonst nie, denn sie ist froh, wenn Kleine Blume ihr bei der Arbeit hilft. Da ist doch etwas faul, denkt Kleine Blume. Immer wenn Kleine Blume Zeit hat, besucht sie ihren Freund Kleiner Büffel. Er wohnt drüben beim See. Also geht sie zu ihm. Gemeinsam klettern sie auf einen alten Baum und lassen sich von einem Ast aus ins Wasser plumpsen. Huiii, macht das Spaß! Und das Wasser spritzt bis zum Himmel. Zum Trocknen legen sie sich ins Gras am Ufer des Sees. „Was ist das nur für eine Überraschung?", fragt Kleine Blume. Beiden fällt nichts ein. Da hilft nur abwarten. Beim Warten vergeht die Zeit am schnellsten, wenn man sich eine Geschichte erzählt. Das weiß auch Kleine Blume, und sie erzählt ihre Lieblingsgeschichte.

„Es war einmal ein kleines, bunt geschecktes Wildpferd", erzählt Kleine Blume. „Das konnte schneller laufen als der Wind. Der Wind aber wollte das nicht glauben. Deshalb machte er mit dem Pferd ein Wettrennen. Was meinst du, wer gewonnen hat?", fragt Kleine Blume ihren Freund. Kleiner Büffel kratzt sich ratlos am Kopf. „Das Wildpferd!", ruft Kleine Blume und lacht. Kleine Blume hätte auch so gern ein Pferd.

„Wenn ich später mal ein Pferd habe, nehme ich dich mit!", verspricht Kleine Blume ihrem Freund.

Kleine Blume schließt die Augen und träumt davon, wie sie mit einem scheckigen Pferd über

die Hügel fliegt. Kleiner Büffel wird es langweilig. Er springt auf und ruft: „Komm, wir machen auch ein Wettrennen." Und schon saust Kleiner Büffel los. Kleine Blume läuft ihm hinterher, so schnell sie kann.

Als Kleine Blume am Nachmittag nach Hause kommt, ist ihr Vater schon da. Hinter dem Zelt steht ein bunt geschecktes Pferd. „Hier ist meine Überraschung!", lacht der Vater. „Das Pferd gehört dir!" Kleine Blume ist außer sich vor Freude. „Mein eigenes Pferd! Hurra!", ruft sie. Vorsichtig geht sie auf ihr Pferdchen zu. Sie streckt ihre Hand aus. Das Pferd schnuppert und berührt die Hand mit seiner weichen Schnauze. „Huch! Das kitzelt!", kichert Kleine Blume. Und sie weiß, dass sie einen neuen Freund gewonnen hat. „Wenn du willst, kannst du es gleich reiten!", sagt die Mutter und reicht Kleine Blume eine bunt bestickte Satteldecke. Das ist ihre Überraschung!

Kleine Blume sitzt auf, reiten kann sie schon. Erst trottet sie langsam einmal ums Zelt, dann trabt sie durch das Indianerdorf hinaus zum See.

„Kleiner Büffel!", ruft sie. „Komm, ich möchte dir jemand vorstellen." Ihr kleiner Freund läuft ihr lachend entgegen. Kleiner Büffel steigt zu Kleine Blume auf das Pferd. „Halte dich gut fest!", ruft sie. Und schon galoppieren sie los – immer schneller und schneller. Ein Wettrennen mit dem Wind würden sie glatt gewinnen.

Die Feldmaus und die Fledermaus

Eine Geschichte erzählt und illustriert von Hermann Altenburger

Die kleine Feldmaus lebte unter einer großen bunten Wiese am Waldrand. Den ganzen Tag verbrachte sie damit, Getreideähren, Haselnüsse und Eicheln zu sammeln. Diese verspeiste sie dann in ihrer gemütlichen Wohnhöhle. Eines Abends, als die Feldmaus aus ihrer Höhle herauskam, um die bunten Lichter, die in der nahen Stadt aufleuchteten, zu genießen, flog eine Fledermaus vorbei. Sie hatte den ganzen Tag in einer Burgruine geschlafen, denn Fledermäuse sind nur nachts unterwegs.

„Hallo, Feldmaus", rief sie, „willst du ein wenig mit mir fliegen?" – „Ja, gern", antwortete die Feldmaus. „Halt dich gut fest, gleich fliege ich los." Sie flogen in Richtung Stadt. „Oh, Fliegen ist schön", jubelte die Feldmaus. Als die beiden ganz dicht an einem Fenster vorbeiflogen, sahen sie ein buntes Naturbild auf dem Bildschirm eines Fernsehers. Die Fledermaus hatte noch nie die bunten Farben des Tages gesehen. „Oh, wie schön wäre es, den Tag einmal in seiner bunten Farbenpracht zu erleben", sagte sie. „Das werde ich dir alles zeigen", sagte die Feldmaus und beschloss, zusammen mit der Fledermaus den nächsten Morgen abzuwarten.

„Wie wunderschön!", rief die Fledermaus, als endlich die Sonne aufging und sich eine herrliche Welt voller Farben vor ihnen ausbreitete. So flogen die beiden über eine Wiese mit leuchtenden Blumen, bunten Schmetterlingen und Bienen. Die Fledermaus war begeistert. „Ach, wenn ich doch auch so ein buntes Kleid hätte wie die Schmetterlinge." Doch als die Fledermaus mit der Feldmaus, den Vögeln gleich, ins helle Sonnenlicht flog, merkte sie, dass die Sonne ihren Augen wehtat. Bald bekam sie auch noch Kopfschmerzen, ihr wurde schwindelig, die Flügel lahmten und …

… sie stürzte ab. Zum Glück fielen die beiden in einen Teich. Vorbei war das Flug-

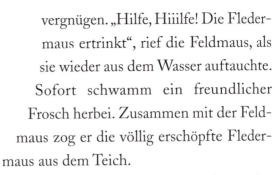

vergnügen. „Hilfe, Hiiilfe! Die Fledermaus ertrinkt", rief die Feldmaus, als sie wieder aus dem Wasser auftauchte. Sofort schwamm ein freundlicher Frosch herbei. Zusammen mit der Feldmaus zog er die völlig erschöpfte Fledermaus aus dem Teich.

„Bist du krank, Fledermaus?", fragte die Feldmaus besorgt. „Mir ist ganz schwindelig und ich habe schreckliche Kopfschmerzen", jammerte die Fledermaus. „Das kommt von der Sonne! Komm in meine Höhle. Dort wird es dir besser gehen. Frosch, hilfst du mir, die Fledermaus zu tragen?" Und beide trugen die arme Fledermaus in die Höhle der Feldmaus.

Dort angekommen, umsorgte die Feldmaus die Fledermaus, so gut sie konnte. „Trink von dem Kräutersaft, der hilft bestimmt. Jetzt mache ich dir noch einen kühlen Umschlag für deine Augen, dann geht es dir bald wieder besser. Zum Ausruhen zeige ich dir einen Platz, an dem du nach Fledermausart mit dem Kopf nach unten hängend schlafen kannst."

Bald war die Fledermaus wieder gesund. Sie hatte nun erfahren, dass das Sonnenlicht ihr nicht guttut. Aber oft, wenn die Sonne untergegangen war, besuchte sie die Feldmaus und sie machten zusammen schöne Ausflüge im Mondschein.

Karo und der Piratenschatz

Eine Geschichte von Marianne Schröder
Mit Bildern von Gerhard Schröder

Karos Opa sitzt an seinem Schreibtisch und schreibt einen Brief an seinen Freund. Plötzlich wird die Wohnzimmertür aufgestoßen. „Klar zum Entern!", rufen die beiden Freunde Karo und Eddi. „Wuff!", bellt Eddis Hund. „Wir wollen Piraten spielen, Opa! Kommst du mit?"

„Soso, oha … Piraten", murmelt Opa. „Das erinnert mich an die Schatzkiste mit dem Bernstein-Anhänger, die ich damals mit meinem Kumpel Hans auf unserer Pirateninsel versteckt habe. Die alte Schatzkarte habe ich sogar noch. Der Schatz wurde nämlich nie wiedergefunden." Opa wühlt ziemlich lange in seinem Schreibtisch. Schließlich findet er die Karte ganz hinten in der Schublade. „Uii … ist die alt. Und ganz zerknittert und speckig", staunt Karo. „Und geklebt …", bemerkt Eddi. „Heho, Piraten! Hisst die Flagge!", verkündet Karo. „Jetzt finden wir den Bernstein!"

„Viel Hoffnung habe ich da nicht", meint Opa. „Wir haben den Schatz damals anscheinend so gut versteckt, dass wir ihn selbst nicht wiederfinden konnten." Aber Karo und Eddi schaffen es, ihn zu überreden. Am nächsten Tag in der Morgendämmerung schippern sie alle mit Opas Boot los.

„Land in Sicht!", meldet Eddi nach einer Weile. Bald ist die kleine Insel gut zu sehen. Sie ist bewachsen mit knorrigen Bäumen und dichten Büschen. Schroff fällt eine Felskante zum Meer hin ab. „Sieht ein bisschen unheimlich aus", flüstert Karo.

Nachdem Opa das Boot am Ufer vertäut hat, machen sie sich zu dem

Punkt auf, an dem die Schatzkiste liegen soll. „Hmm … sieht hier alles ganz anders aus als früher", brummt Opa. „Aber der Felsen dahinten kommt mir bekannt vor. Davor fangen wir an zu graben."

Alle buddeln eifrig los. Von Opa ist fast nur noch die Mütze zu sehen, so tief ist das Loch schon. Aber sie finden keinen Schatz. Inzwischen haben sich dunkle Wolken aufgetürmt. Ein Gewitter! Der Regen lässt nicht lange auf sich warten, und in der Grube steht das Wasser schnell kniehoch. „Ab zum Boot!", ruft Opa. „Wir hocken uns unter die Plane!"

Erschöpft und enttäuscht sitzt die Mannschaft wenig später im Boot unter der großen gelben Plane. Opa packt den Proviant aus. „Omas berüchtigte Piratenspieße. Die bauen uns ordentlich auf …"

In dem Moment blitzt und donnert es gewaltig. Eddis Hund beißt vor Schreck in die Schatzkarte! Karo kann die Karte gerade noch aus seinem Maul ziehen. Doch zu spät – sie ist zerrissen. „Auch das noch", seufzt Eddi. „Nun werden wir den Schatz nie finden." – „Nein! Guckt doch mal!", ruft Karo und stößt vor Aufregung mit dem Kopf an die Plane. „Die Karte war falsch zusammengeklebt. So herum sieht sie ganz anders aus. Deshalb habt ihr den Schatz nicht wiedergefunden, Opa!" Sie zeigt auf die Karte. „Hier müssen wir hin!"

Kaum lässt der Regen nach, stapfen sie durch den matschigen Sand und fangen wieder zu graben an. Tatsächlich. Schon nach kurzer Zeit stößt Eddi mit der Schaufel auf Metall. „Meine alte Kiste!", freut Opa sich, als sie sie ganz ausgegraben haben. Mit seinem Taschenmesser öffnet er vorsichtig den rostigen Deckel. „Hurra! Wir haben den Bernsteinschatz gefunden!"

Als sie am Abend nach Hause kommen, erzählen die drei Piraten Oma von ihrem Abenteuer. Mit dem Bernstein-Anhänger in der Hand steht Opa etwas verlegen vor Oma und wird ein bisschen rot. Leise sagt er: „Den wollte ich dir eigentlich schon vor 60 Jahren schenken."

Hortensia, die kleine Fee

Eine Geschichte von Frauke Wirbeleit
Mit Bildern von Patrick Wirbeleit

„Hui, so ein Wind", ruft Hortensia, die kleine Fee, als sie am Morgen die Haustür von ihrem Feenbaum öffnet. Sie erinnert sich, dass sie schon in der Nacht das Rauschen des Windes in den Bäumen gehört hat.

Heute will Hortensia zur Waldlichtung fliegen, denn dort gibt es leckere Himbeeren. Schnell holt sie ihre Sammeltasche. Als sie die Flügel ausbreitet, trägt der Wind sie auch schon davon. „Hurra, heute bin ich doppelt so schnell bei der Himbeerstelle!", jubelt Hortensia begeistert. „Hallo, Zilpa!", ruft sie fröhlich, als sie auf der Lichtung ankommt. „Na, hast du mir noch etwas übrig gelassen?" – „Na klar, Hortensia!", zwitschert ihre Freundin, die kleine Meise. „Ich habe schon auf dich gewartet. Schau mal, hier oben sind die leckersten!" Vorsichtig legt die kleine Fee einige der süßen roten Beeren in ihre Sammeltasche. Auch Haselsträucher gibt es hier. Hortensia pflückt eine besonders schöne Haselnuss. Dann verabschiedet sie sich von Zilpa.

Die kleine Fee macht sich auf den Weg zurück zum Feenbaum. Aber schon bald merkt sie, dass sie jetzt nicht mehr so gut vorankommt. Nun muss sie ja gegen den Wind anfliegen! Sie müht sich und strengt sich an, kommt aber nicht vorwärts.

Schließlich setzt sich Hortensia erschöpft auf einen Ast, um eine Pause zu machen. Sie ist ganz verzweifelt. „Wie soll ich bloß nach Hause kommen?", seufzt sie. Um die Fee herum braust der Wind. Da kommt Zilpa ihr nachgeflogen. Sie hat sich Sorgen um ihre Freundin gemacht. Hortensia jammert: „Ich kann nicht nach Hause fliegen, der Wind ist zu stark." – „Keine Angst, ich kenne jemanden, der dir helfen kann!", ruft die Meise. Und schon flattert sie davon.

Es dauert nicht lange, da sieht Hortensia ein Eichhörnchen von Ast zu Ast springen. Schon von weitem ruft es fröhlich: „Wo kann ich helfen, was kann ich tun?" Bei Hortensia angekommen, stellt es sich vor: „Ich heiße Knibs. Zilpa schickt mich, weil du bei dem Wind nicht allein nach Hause kannst. Ich trag dich heim, wenn du willst." Hortensia überlegt nicht lange und klettert auf Knibs' Rücken. Vorsichtig hält sie sich im weichen Fell des Eichhörnchens fest.

Mit weiten Sprüngen geht es von Ast zu Ast, von Baum zu Baum. „Toll! Das ist wie Fliegen, nur schneller!", lacht Hortensia. Schon bald kommen sie beim Feenbaum an. Hortensia schenkt Knibs zum Abschied die Haselnuss. „Danke, dass du mir geholfen hast, Knibs! Komm mich doch bald mal besuchen!" – „Gleich morgen!", verspricht Knibs und springt davon.

Der vergessliche Ritter

Eine Geschichte von Petra Wiese
Mit Bildern von Elena Conti

Lisa geht gerne im Wald spazieren. Am liebsten schaut sie sich Vögel an. Als sie heute Morgen über die Wiese läuft, sieht sie in der Ferne eine Gestalt. Diese Gestalt trägt einen Mantel und eine Hose aus Eisen. Sogar der Hut ist aus Eisen. Am Hut stecken rote, blaue, gelbe und grüne Federn. „Eine laufende bunte Blechdose – das gibt's doch gar nicht!", ruft Lisa erstaunt. Die Blechdose jammert ganz laut: „Ach herrrrjeeee! Wie konnte das nur passieren?" Und beim Laufen macht der komische Kauz ziemlich viel Krach. Lisa ruft: „Vorsicht!" Denn die Blechdose hätte sie beinahe umgerannt.

„Hallo", sagt die Blechdose und nimmt ihren Hut ab. „Ich bin der Ritter Erich von der Burg Schönenstein." Lisa muss sich das Lachen verkneifen, weil sie den Namen so altmodisch findet. „Ich bin Lisa aus Altenberge", sagt sie, „was ist denn passiert?" Ritter Erich erzählt, dass er seine Lanze verloren hat. „Deshalb gehe ich heute nicht zum Turnier", meint Erich, „denn ich habe Angst, dass mich alle anderen Ritter auslachen." Lisa grinst ein bisschen: „Du bist ja ein Schussel." – „Aber was ist denn eine Lanze und was ist ein Turnier?", fragt Lisa neugierig.

„Also", erklärt Ritter Erich, „eine Lanze ist ein langer Holzstab. Damit kann man einen anderen mutigen Ritter vom Pferd schubsen. Wer auf dem Pferd sitzen bleibt, der hat gewonnen. Und diese Schubserei nennt man Turnier." – „Das klingt sehr lustig", sagt Lisa, „schade, dass du so vergesslich bist." Lisa guckt sich ein bisschen im Wald um. Hinter einer dicken Eiche steht ein langer Holzstab mit bunten Fähnchen.

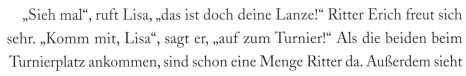

„Sieh mal", ruft Lisa, „das ist doch deine Lanze!" Ritter Erich freut sich sehr. „Komm mit, Lisa", sagt er, „auf zum Turnier!" Als die beiden beim Turnierplatz ankommen, sind schon eine Menge Ritter da. Außerdem sieht Lisa Feuerschlucker und Akrobaten, die ihre Kunststücke vorführen. Ihr gefällt es hier sehr.

Bald ist Ritter Erich dran. Der Ritter, den Erich vom Pferd schubsen soll, sieht ziemlich mutig und kräftig aus. Lisa drückt ganz doll die Daumen, damit Erich der Sieger wird. Dann geht es endlich los. Die beiden Pferde galoppieren aufeinander zu. Zum Glück tragen die Ritter Schutzschilde. Damit kann ihnen nichts passieren. Erich hält die Lanze fest in seiner Hand. Er trifft genau in die Mitte des Schildes des gegnerischen Reiters. Der dicke Ritter fliegt in hohem Bogen vom Pferd und landet im weichen Sand. Lisa ruft begeistert: „Bravo! Ritter Erich. Bravo! Du hast ihn vom Pferd geschubst!" Bei der Siegerehrung bekommt Erich einen gelben Kanarienvogel in einem Käfig überreicht. „Ich schenke dir diesen kleinen Vogel, Lisa", sagt der Ritter Erich ganz feierlich, „denn du hast mir aus der Patsche geholfen." – „Toll", ruft Lisa, „ich mag Vögel sehr gerne."

Plötzlich fällt Lisa auf, dass es schon spät ist. „Ich muss dringend nach Hause." – „Kein Problem", meint Ritter Erich und bringt Lisa auf seinem Pferd nach Hause. „Danke", sagt Lisa, „du bist ein sehr netter Schussel." Erich muss lachen. „Auf Wiedersehen, Lisa", sagt Ritter Erich und reitet in den Wald zurück. „Tschüs", ruft Lisa ihm nach.

Töff-Töff, der blaue Trecker

Eine Geschichte erzählt und illustriert von Hans Wilhelm

Töff-Töff war ein kleiner, blauer Trecker. Jahraus, jahrein half er Bauer Bartels bei der Feldarbeit. Dabei machte er ein Höllenspektakel, denn Töff-Töff war schon ein älteres Modell. Seine blaue Farbe war an vielen Stellen abgeblättert und der Rost hatte sich bei ihm eingenistet. Aber das alles machte Töff-Töff nichts aus. Seine größte Freude war es, am Ende des Jahres die Ernte in die Scheune einzufahren. Doch eines Tages sollte es anders werden. Als er wieder einmal von einer Ausfahrt heimgekommen war, stand ein funkelnagelneuer, riesengroßer, gelber Trecker auf seinem Platz! Töff-Töff gingen vor Schreck die Zündkerzen aus. Wieso stand dieses neue Ungetüm auf seinem Platz? Insgeheim wusste Töff-Töff, dass seine Zeit auf dem Hof zu Ende war.

Töff-Töff wurde neben dem Stall abgestellt. Da stand er nun und rostete vor sich hin. Außer den Tieren kümmerte sich keiner mehr um ihn. Von fern hörte er das Tuckern des neuen Treckers und er sehnte sich nach den Feldern und dem Ausfahren. Es schien, als hätte Bauer Bartels ihn vergessen. Doch dann geschah etwas Unerwartetes.

Der neue Trecker hatte eine Panne! Sein Motor war kaputt. Da half auch kein Allradantrieb oder doppelter Vergaser. Er musste in die Werkstatt! Töff-Töff wurde vor den neuen Trecker gespannt und dann ging's mit voller Kraft durch das Dorf. Der neue Trecker war längst schon nicht mehr gelb, sondern knallrot vor Scham!

Bauer Bartels fuhr zu Daniel, dem Werkstattbesitzer. Doch der schien gar nicht recht zuzuhören. Immer wieder schaute er versonnen auf Töff-Töff. „Ja, ja, schau nur", seufzte Töff-Töff. „Du hast sicher noch nie ein so altes Ding wie mich gesehen. Doch ich war früher auch mal neu. Jetzt bin ich nur noch ein Haufen Schrott auf Rädern." Schließlich machte sich Daniel an den neuen Trecker. Es dauerte eine ganze Weile, bis er ihn repariert hatte. Als Bauer Bartels ihn für seine Arbeit bezahlen wollte, winkte Daniel ab und fragte, ob er den alten

Trecker dafür behalten könne. Bauer Bartels war damit einverstanden und fuhr zufrieden mit dem reparierten Trecker davon. Töff-Töff war entsetzt. Am Abend setzte sich Daniel auf Töff-Töff und fuhr los. „Ach", jammerte Töff-Töff, „jetzt geht es bestimmt zu einem Autofriedhof. Wäre ich doch nur wieder auf dem Hof. Dort hätte ich wenigstens noch Tiere gehabt. Doch jetzt ist alles zu Ende." Aber Daniel fuhr Töff-Töff nicht zu einem Autofriedhof, sondern zu sich nach Hause. Dort stellte er Töff-Töff in seiner Garage ab und verschloss die Tür.

Von nun an verbrachte Daniel jede freie Minute in seiner Garage. Draußen hing ein großes Schild mit der Aufschrift: *Bitte nicht stören!* Selbst seine Frau durfte nicht rein. Sie musste das Tablett mit dem Essen vor dem Tor abstellen. So mancher hätte gern gewusst, was Daniel heimlich in der Garage tat.

Eines Tages war es so weit. Alle Nachbarn und Freunde waren versammelt, als Daniel das große Garagentor öffnete und ein vertrautes „Töff-Töff" aus der Garage erklang. Es war Töff-Töff, der komplett überholt war und in neuem Glanz leuchtete. In seiner neuen blauen Farbe spiegelte sich das helle Sonnenlicht.

Ohne Zweifel war er der schönste Trecker weit und breit. So war es natürlich klar, dass er zur Ehre des Erntedankfestes von nun an jedes Jahr mit der großen Erntekrone den Umzug anführen durfte. Und darüber freute sich Töff-Töff von ganzem Herzen – und Daniel natürlich auch.

Prinzessin Rosa

Eine Geschichte von Petra Maria Schmitt
Mit Bildern von Kerstin M. Schuld

In einem großen Schloss erblickte eine kleine Prinzessin an einem wunderschönen Frühlingstag das Licht der Welt. Das Neugeborene war überaus lieblich. Es hatte große Augen, ein kleines Stupsnäschen und zartrosa Wangen. Der König und die Königin nannten ihr Töchterchen Prinzessin Rosa.

Stolz präsentierten sie Prinzessin Rosa dem Hofstaat. Und jeder, der das Kind sah, schloss es sogleich ins Herz. Prinzessin Rosa wuchs heran und machte ihrem Namen alle Ehre. Denn aus dem süßen Baby war ein fröhliches Mädchen mit goldenem Haar und zartrosa Wangen geworden. Die Prinzessin liebte alles, was rosa war. Sie trug rosa Kleider, rosa Nachtwäsche und rosa Schuhe. Sie schlief in einem rosa Himmelbett, umgeben von rosarot gestrichenen Wänden. Nur auf dem Kopf thronte eine kleine, goldene Krone. Denn Kronen müssen golden sein. Prinzessin Rosa mangelte es an nichts. Weder der König noch die Königin konnten ihrer liebreizenden Tochter einen Wunsch abschlagen. Doch je mehr Spielzeug Prinzessin Rosa bekam, desto langweiliger wurde ihr. Denn eigentlich sehnte sie sich nach einem Spielgefährten. Doch im ganzen Schloss gab es kein weiteres Kind. So kam es, dass die Prinzessin in ihrem wunderschönen, rosa Zimmer mit den vielen Spielsachen immer trauriger wurde.

Der König und die Königin machten sich große Sorgen um ihre Tochter. Tagelang saß der König auf seinem Thron und grübelte. Die Königin versuchte, ihre Tochter durch Vorlesen aufzuheitern. Doch Prinzessin Rosa kannte bereits alle Geschichten, langweilte sich und schlief dabei ein.

Die Schlossbewohner vermissten immer mehr Prinzessin Rosas fröhliches Lachen. Alle machten sich Gedanken, woher sie einen Spielgefährten bekommen könnten? Da hatte der Hof- und Stallmeister eine Idee. Er pfiff seinen Hund heran und machte sich mit ihm auf den Weg zu Prinzessin Rosa. „Mein Hund war mir lange Jahre ein treuer

Freund. Nun soll er dein Spielgefährte sein!" Prinzessin Rosa erschrak, verkroch sich unter ihrer rosafarbenen Bettdecke und rief: „Hilfe! Ich hab Angst vor Hunden! Ich komme erst wieder heraus, wenn der Hund weg ist!" Enttäuscht verließ der Hof- und Stallmeister samt Hund das Zimmer. Wenig später versuchte die Köchin ihr Glück. Sie trug ein niedliches, kleines Kätzchen in der Hand. „Wie süß!", rief Prinzessin Rosa entzückt. „Darf ich es einmal nehmen?" Doch kaum war das Kätzchen in Prinzessin Rosas Hand, bekam das Mädchen am ganzen Körper rote Flecken. „Ach, herrje!", rief die Köchin. „Du hast eine Katzenallergie!" Sofort nahm sie der Prinzessin das Kätzchen wieder ab.

So langweilte sich die Prinzessin weiter. Doch eines Tages drangen Rufe und lautes Gelächter aus dem Schlosshof in ihr Zimmer. Neugierig streckte sie ihre Nase zum Fenster hinaus. Überall standen Leute und lachten. Aber was war das? War da nicht gerade ein rosa Schatten durch die Menge gehuscht? Das musste sie sich unbedingt näher ansehen! Sofort rannte sie los. Kaum war sie im Schlosshof angekommen, lief ihr ein verschrecktes rosa Ferkel in die Arme. Es hatte einen niedlichen Rüssel, ein dickes Speckbäuchlein und einen kleinen, geringelten Schwanz.

„Schämt ihr euch nicht, das Ferkel so zu hetzen? Seht ihr nicht, dass es Angst hat?", rief Prinzessin Rosa. „Aber es gehört doch keinem! So ein köstlicher Braten läuft nicht alle Tage herum!", antwortete einer aus der Menge. „Ein Braten? Untersteht euch!", schrie die Prinzessin und drückte das Schweinchen fest an sich. Alle staunten. Eine Prinzessin mit einem Ferkel? Das hatte es noch nie gegeben. Aber am meisten staunten der König und die Königin. Denn so ein Ferkel war ihrer Meinung nach nicht der richtige Umgang für eine Prinzessin. Doch was sollten sie tun? Ihre Tochter war glücklich. Und man hörte sie lachen wie nie zuvor. Langeweile kannte sie auch nicht mehr. Denn das Schweinchen stellte allerlei Unsinn an, wie den Kuchen vom königlichen Esstisch zu stibitzen. Und ganz zufällig war das Ferkel auch noch rosa! „Freunde kann man eben nur selbst finden!", dachte die Prinzessin und nannte ihre neue Spielgefährtin Rosalinde.

Der Bücherfresser

Eine Geschichte von Cornelia Funke – Mit Bildern von Vitali Konstantinov

Stens Großvater vererbte seiner Familie seine Bücher, die Decke, auf der sein Hund immer gelegen hatte, und eine kleine Holzkiste, auf der stand: *Nur für Sten. Unbedingt heimlich öffnen.* Die Decke wollten Stens Eltern nicht wegen der Hundehaare. „Und all die Bücher!", stöhnte Mama. „Was sollen wir mit denen?" – „Verfeuern", schlug Papa vor. Da guckte Sten ihn ganz streng an und sagte: „Also, ich verfeuer deine Autozeitschriften nicht, wenn du mal tot bist."

Papa wurde rot wie ein Radieschen und schleppte Opas Bücher auf den Dachboden. 23 steinschwere Umzugskartons. Danach musste er sich erst einmal aufs Sofa legen. Sten aber schlich auf den Dachboden, packte alle Bücher aus und stapelte sie zu Wänden. Ein paar Mal kippte alles zusammen, aber irgendwann war sie fertig, seine Bücherhöhle. Als Dach nahm er die alte Decke und als Beleuchtung Papas Taschenlampe. Dann kroch er mit der „Unbedingt-heimlich-öffnen"-Holzkiste hinein.

Zwischen den Büchern roch es nach Opa. Hundehaare rieselten von der Decke. Auf der Kiste klebte ein Brief in dem stand: *Hallo Sten! Ich weiß, du magst keine Bücher. Hoffentlich hast du meine trotzdem vor eurem Ofen gerettet. Für das, was in der Kiste steckt, wirst du sie nämlich brauchen. Bis irgendwann in einem anderen Leben, Opa.*

Sten wurde ganz kalt vor Traurigkeit. Still war es auf dem Boden, nur der Regen prasselte aufs Dach. Sten fuhr sich mit dem Ärmel über die Augen. Dann klappte er den Deckel auf. Auf einem Haufen Papierschnipsel lag ein pelziges Etwas. Ein bisschen wie ein Meerschwein sah es aus. „'n Stofftier?", murmelte Sten. Aber als er nach dem Plüschding griff, kreischte es los. Erschrocken ließ Sten es zurück in die Kiste fallen.

Er lauschte nach unten, aber seine Eltern schienen das Gekreisch nicht gehört zu haben. Das Pelzschwein grunzte aufgeregt vor sich hin. „Reg dich ab, ich tu dir nichts!", flüsterte Sten. „Gib mir ein Buch!", lispelte das Pelzschwein. „Ein knackig-knuspriges! Nein, warte – ein flüstervoll-furchtbar-fantastisches, ja?" Sten zog vorsichtig irgendein Buch aus der Höhlenwand. „Kaperfahrt nach Tortuga!", las er. Das Pelzschwein beschnüffelte den Einband und nickte. „Hmm, ja, das riecht abenteuerlich, trauerlustig, süß und sauer, ja!" Es biss in das Buch, als wäre es ein Butterbrot. „Sten, komm Essen!", rief Mama die Dachbodenleiter hoch. So schnell hatte Sten noch nie gegessen. Als er zurück in die Bücherhöhle kroch, waren von der „Kaperfahrt nach Tortuga" nur noch Papierschnipsel übrig. „War eine wunderbare Geschichte! Kribbelt immer noch bis in die Zehen", sagte das Pelzschwein und strich mit den Pfoten über die Bücherwände. „Bist du auch einer?" – „Was?", fragte Sten. – „Nein." Das Pelzschwein schüttelte den Kopf. „Du bist keiner. Aber dein Großvater! Was für ein Bücherfresser! Drei am Tag schaffte er – verschlang sie mit den Augen, weißt du, ohne einen Buchstaben zu zerkrümeln." Er seufzte. „Ich kann das nicht. Aber ich behalte jedes Wort, das ich wegknabbere! Als dein Großvater schlechte Augen bekam, hat er mich mit Büchern gefüttert, und ich habe sie ihm Wort für Wort erzählt, so …"

Da knarrte die Bodenleiter. Erschrocken verschwand der Bücherfresser in der Kiste. „23 Kartons voll", sagte Stens Vater. „Die meisten sind ziemlich alt, aber …" Sten kroch aus der Höhle. Hinter seinem Vater quetschte sich ein dicker Mann durch die Bodenluke. „O nein! Sten!", rief Papa, als er die leeren Kartons sah. „Konntest du dir nicht aus was anderem 'ne Höhle bauen?" – „Die sind nicht zu verkaufen", sagte Sten. „Ich werde sie lesen. Alle. Jeden Buchstaben." Mit ärgerlichem Schnaufen stieg der dicke Mann die Bodenleiter wieder runter. Papa war wütend wie ein Walross, aber Sten durfte die Bücher behalten. Sobald alle schliefen, schlich er mit seiner Bettdecke auf den Dachboden. Als er die Taschenlampe in der Höhle anknipste, blinzelte ihn der Bücherfresser verlegen an. Auf dem Boden lagen Papierschnipsel, und mindestens fünf Bücher waren angenagt. „Ich musste einfach ein paar kosten", flüsterte er. „Abenteuer, Reisen zum Mond und unter die Erde. Vergangene Zeiten, versunkene Welten, Feiglinge, Helden, Räuber, Verräter, dunkle Orte, Geheimnisse, Schätze …" Er seufzte. „Wörtermusik." – „O. K.", sagte Sten und breitete seine Decke zwischen den Bücherwänden aus. „Erzähl mir eins, irgendeins." Er legte sich hin, und der Bücherfresser setzte sich auf seinen Bauch und erzählte. Die ganze Nacht. Und noch viele andere.

Eine Schweineliebe

Eine Geschichte von Barbara König
Mit Bildern von Imke Sönnichsen

Der Tag war grau und kalt und Zahnarzt hatte seit Tagen keine ordentliche Mahlzeit zu sich genommen. Sehnsüchtig dachte er an den Sommer. Da war es nie schwierig Futter zu finden. Die Mülleimer an den Waldwegen waren voller delikater Köstlichkeiten und dann gab es noch die Würstchenbude am Waldparkplatz … Aber jetzt war Winter und im Wald war es nicht nur menschenleer, sondern auch noch schweinekalt.

Zahnarzt saß in seiner Höhle und fror. Er schüttelte sich und begann ernsthaft nachzudenken.

Im Märchen haben Wölfe nie Hunger, überlegte er. Sie fressen ständig: Großmütter, Geißlein, Wackersteine, Jäger und …? Zahnarzt konnte sich nicht mehr erinnern. Aber eins war klar. Diese Wölfe wurden satt. Er würde jetzt zum Bauern Walther gehen und ein Schwein klauen.

Doch als Zahnarzt gerade den Waldweg in Richtung Bauernhof entlangstapfte, hörte er Schritte. Wer ging denn da mitten im kalten Winter durch den Wald? Ein kleines Mädchen. Es trug eine rote Mütze und einen Korb.

Zahnarzt steckte seine Schnauze durch den Busch und schnüffelte. Es roch nach Blumen. Vorsichtig lugte Zahnarzt um den Busch herum. Was für eine Enttäuschung! Im Korb war nichts außer einer Flasche Wein und einem Blumenstrauß.

Jetzt reichte es aber. Jetzt wird geklaut, dachte Zahnarzt und legte den Rest des Weges zum Bauernhof im Galopp zurück. Dann schlich er sich von hinten an den Schweinestall. Und es war ganz einfach. Reinstürzen. Schwein packen. Rausrennen. Weglaufen. Womit Zahnarzt nicht gerechnet hatte, war das Schwein selber. Es hielt weder still noch die Schnauze. „Lass mich los! Lass mich runter, und zwar sofort, du tust

mir weh!" Anstatt das Schwein fallen zu lassen, packte Zahnarzt noch fester zu. Dann konnte er es aber nicht mehr länger halten.

Da hockten sie nun beide im Schnee, ein blutendes, schluchzendes Schwein und ein frierender, hungriger Wolf. „Wie heißt du denn?", fragte Zahnarzt schüchtern. „Soll ich dir Pflaster besorgen?" – „Ja, bitte", sagte das Schwein.

Zahnarzt stürzte sofort in seine Höhle und nahm ein paar Pflaster aus seinem Verbandskasten. In null Komma nix war er wieder zurück und klebte dem Schwein die Pflaster auf die Wunden.

„Wie heißt du denn nun?", fragte er noch einmal. „Versprich mir, dass du nicht lachst", sagte das Schwein, „ich habe nämlich einen wirklich blöden Namen. Also, ähem, ich heiße Holunder, und du?" – „Ich?", antwortete Zahnarzt, „ich heiße Zahnarzt." Und plötzlich wurde ihm ganz warm, obwohl es im Wald doch so kalt war.

Dann bohrte Zahnarzt seine Pfote in den Schnee, räusperte sich und fragte: „Möchtest du mit in meine Höhle kommen? Bloß zu essen habe ich nichts …" – „Kein Problem", sagte Holunder schnell, um die peinliche Stille zu überbrücken. „Ich habe einen geheimen Essensvorrat. Er ist unter dem Holzstoß neben dem Schuppen versteckt. Aber du müsstest ihn holen, denn ehrlich gesagt, bin ich völlig erschöpft." – „Klar, klar doch", sagte Zahnarzt und ihm wurde noch wärmer.

Die beiden verbrachten den schönsten Winter ihres Lebens. Sie hatten es warm und gemütlich, genug zu essen und waren schrecklich ineinander verliebt.

Und es sollten noch viele schöne Winter folgen.

Ich bin noch nicht müde!

Eine Geschichte von Hanna Sörensen
Mit Bildern von Marine Ludin

Draußen ist es dunkel und das Licht des Fernsehers flackert gespenstisch im Zimmer. Lene kuschelt sich zufrieden in eine Ecke des Sofas und macht die Augen zu. Eigentlich müsste sie schon längst im Bett sein, aber Mama ist so in den Film vertieft, dass sie Lene ganz vergessen hat.

„Ab nach oben, Lene, es ist längst Bettzeit!", sagt Mama in diesem Moment. „Aber bei dir ist es viel gemütlicher", protestiert Lene, „darf ich nicht hier bleiben?" Aber Mama bleibt unerbittlich. Lene hopst langsam die Treppe hoch. „Immer muss ich als Erste ins Bett und alle anderen dürfen noch aufbleiben", meckert sie. „Das ist ungerecht!" An Theos Zimmertür macht Lene Halt. Aus dem Zimmer ihres Bruders dringen merkwürdige Geräusche. Lene öffnet die Tür. Theo liegt auf dem Boden und hört Musik. Seine Hände fuchteln in der Luft herum, als würde er Gitarre spielen. Lene kichert und beschließt zu bleiben. Sie macht es sich auf Theos großem Sitzkissen bequem und schließt die Augen.

„Lene, was machst du denn hier?" Sie reibt sich die Augen. Sie muss irgendwie eingeschlafen sein. Theo ist aufgestanden, um eine neue CD einzulegen. „Ich will in Ruhe Musik hören", sagt er. „Und du musst bestimmt ins Bett." Dann scheucht er Lene aus seinem Zimmer. Als Lene an Papas Arbeitszimmer vorbeikommt, hört sie das Klappern der Computertasten. „Hallo Papa, hast du gerade einen guten Einfall?", fragt Lene und schlüpft ins Zimmer. „Ja, ganz genau, Lene-Schatz", sagt Papa zerstreut und hämmert in die Tasten. Er merkt gar nicht, dass Lene es sich in ihrer Höhle unter seinem Schreibtisch gemütlich gemacht hat. „Geschafft! Das wär's für heute." Zufrieden streckt

Papa Arme und Beine aus. Dabei bemerkt er Lene. „Du bist ja immer noch hier, Lene. Jetzt aber ab ins Bett", sagt Papa. „Ich komme gleich und lese dir noch eine Gutenachtgeschichte vor."

Aber Lene will keine Geschichte. Sie ist sauer. Sie hat gerade so schön in ihrer Höhle geträumt! Und ins Bett will sie auch noch nicht. Lene geht nach unten in die Küche. Dort liegt Benno in seinem Korb. Er knurrt ein bisschen, rückt aber zur Seite, um ihr Platz zu machen. Bennos Fell ist ganz weich und warm ist er auch noch. Lene kuschelt sich ganz eng an ihn heran.

Mama und Papa finden Lene schlafend in Bennos Korb. Papa trägt Lene die Treppe hinauf. „Ich will noch nicht ins Bett", murmelt sie, als sie wieder wach wird. Mama lacht. „Na gut, ich hab da eine Idee."

Zusammen legen sich alle in das große Bett von Mama und Papa. Theo und Benno kommen auch dazu. Und dann liest Papa allen eine tolle Gutenachtgeschichte vor.

Lene kuschelt sich ins Kissen. „Heute bin ich nicht als Erste ins Bett gegangen", denkt sie zufrieden.

Und dann fallen ihr die Augen zu.

Wenn ein Monster keinen Teddy hat

Eine Geschichte von Annette Herzog
Mit Bildern von Michael Schober

Bei den Monstern ist es jeden Abend dasselbe: Erst will das kleine Monsterkind nicht ins Bett, weil es sich fürchtet, wenn es dunkel ist. Wenn die Monstermama dann die Lampe anmacht, kann es nicht schlafen, weil es zu hell ist. Erst kann das kleine Monsterkind nicht die Zähne putzen, weil es dazu schon zu müde ist, und wenn ihm dann der Monsterpapa dabei hilft, kann es hinterher nicht schlafen, weil es wieder Hunger hat.

Doch heute ist es ganz besonders schlimm: Der Teddy von dem Monsterkind ist weg. „Ohne meinen Teddy kann ich nicht schlafen!", jammert es. Der Monsterpapa und die Monstermama beginnen den Teddy zu suchen: Unter dem Bett, hinter dem Bett, neben dem Bett, unter dem Sofa, hinter dem Sofa, neben dem Sofa. Doch der Teddy bleibt verschwunden.

„Wo hast du denn zuletzt damit gespielt?", fragt die Monstermama. Doch das kleine Monsterkind kräht nur immer lauter. „Ohne meinen Teddy fürchte ich mich!"

Bald kommt die Monsternachbarin aus der Höhle nebenan: „Was ist denn das hier für ein Geschrei?", schimpft sie, doch dann hilft sie beim Suchen. Sie sucht unter dem Teppich und auf dem Teppich und neben dem

Teppich, sie sucht hinter der Kiste mit den Bauklötzen und neben der Kiste mit den Bauklötzen und in der Kiste mit den Bauklötzen, aber der Monsterteddy ist und bleibt weg. „Ich will meinen Teddy wiederhaben!", schreit das Monsterkind. Es ist erstaunlich, wie laut so ein kleines Monsterkind schreien kann. Es schreit so laut, bis die Monsteroma und der Monsteropa aus der Höhle gegenüber kommen, und der Monsterfriseur und der Monstermilchmann und sogar der Monsterpolizist. Und alle suchen nach dem Teddy: Unter dem Dreirad des kleinen Monsters, hinter dem Dreirad und neben dem Dreirad, unter seinem Nachttopf, neben seinem Nachttopf, in seinem Nachttopf. Sie suchen überall.

Und vor lauter Eifer fällt ihnen gar nicht auf, dass das kleine Monsterkind auf einmal still geworden ist. Es ist auf den großen Schrank geklettert, um von oben zuzuschauen, wie sie alle nach dem Teddy suchen. Wie sie auf allen vieren krabbeln, wie sie ihre haarigen Köpfe in die Ecken stecken und ihre zottigen Popos in die Höhe recken. Lustig sieht das von dort oben aus!

Nur leider wird das Monsterkind jetzt doch ein bisschen müde. Und als es sich in eine Ecke auf dem Schrank kuscheln will, da setzt es sich – auf einen weichen Teddy! Wie der nur dort hochgekommen ist? Na, sollen sie noch eine Weile suchen, dann braucht das Monsterkind noch nicht allein zu sein.

Ganz sicher finden sie den Teddy etwas später. Denn lange kann es nicht mehr dauern, bis das kleine Monster laut und glücklich schnarcht – mit dem Monsterteddy auf seinem dicken Monsterbauch.

Mein Hausgespenst

Eine Geschichte erzählt und illustriert von Erhard Dietl

Ich heiße Tom und wohne in einem uralten Haus. Immer um Mitternacht höre ich merkwürdige Geräusche. Es knarrt und knackt oben im Dach und mein Hund Hugo verkriecht sich unters Sofa. Wenn die Standuhr im Wohnzimmer zwölfmal schlägt, beginnt bei mir die Geisterstunde. Dann schwebt ein blasses Nachtgespenst vom Dachboden die Treppe herunter. Es heult so schaurig wie ein Rudel hungriger Wölfe, und es rasselt mit einer langen, rostigen Kette, die von seinem Handgelenk baumelt.

Mein Gespenst hat viele Tricks auf Lager. Es klemmt seinen Kopf unter den Arm und bläst mir seinen eisigen Atem ins Gesicht. Davon wird meine Nasenspitze ganz kalt. Oder es hängt sich kopfüber an die Lampe und lässt meine Spielsachen durch die Luft schweben. Ich weiß aber, dass es sich eigentlich schrecklich langweilt. Denn schon seit 500 Jahren muss es jede Nacht durch dieses Haus spuken. Also spiele ich dem Gespenst auf meiner Flöte ein Lied vor. Das gefällt ihm gut und es hört auf zu heulen. Plötzlich höre ich wieder ein lautes Knurren. Aber das

kommt aus dem Gespensterbauch. Mein Hausgespenst hat Hunger! Ich bringe ihm schnell etwas zu essen. Am liebsten mag es uralten Wein, steinhartes Brot und stinkigen Schimmelkäse.

Jetzt will mein Gespenst spielen. Es versteckt seinen Kopf irgendwo im Haus, manchmal auch im Kochtopf, manchmal im Kleiderschrank. Ich muss ihn dann suchen und mein Hund Hugo hilft mir dabei. Wenn wir den Kopf gefunden haben, kichert das Gespenst vor Freude. Das klingt so schaurig, dass es mir fast das Blut in den Adern gefrieren lässt.

Dann gehen wir in den Keller und spielen eine Runde Gespenster-Quartett. Auf den Spielkarten sind nur gruselige Sachen abgebildet: Fledermäuse, schleimige Kröten und Knochen. Wenn ich gewinne, ärgert sich das Gespenst fürchterlich und es knallt seine Kette laut gegen die Kellertür. Und wenn wir genug vom Kartenspielen haben, hocken wir uns auf die alten Kisten in der Kellerecke und ich lese meinem Gespenst eine Geschichte vor. Es mag nur Gruselgeschichten. Dann will mein Gespenst fernsehen. Im Kaminzimmer mache ich ihm den Fernseher an. Dort macht es sich auf einem Sessel gemütlich und legt die Beine hoch. Mein Hausgeist mag am liebsten Ritterfilme. Die erinnern ihn an seine Jugend.

„Gute Nacht, du altes Nachtgespenst!", rufe ich ihm zu, denn jetzt kann ich endlich ins Bett gehen. Hugo liegt schon auf seiner Decke und schnarcht. Auch ich kuschele mich hundemüde in die Kissen und schon fallen mir die Augen zu. Wenn du auch ein Hausgespenst hast, dann weißt du jetzt, was du mit ihm tun musst! Gute Nacht!

Schlaf schön, kleines Schaf

Eine Geschichte von Katja Reider
Mit Bildern von Caroline Ronnefeldt

Der Mond stand schon hoch am Himmel, als das kleine Schaf die Stimme seiner Mutter hörte: „Komm, Puschel, Zeit zum Schlafengehen!" Puschel tat, als habe er nichts gehört und versteckte sich zwischen den anderen Schafen. Doch seine Mutter packte Puschel schnell am Nackenfell und zog ihn zu sich heran.

Puschel blökte und sträubte sich ein bisschen, aber nur um seinen Freunden zu zeigen, dass er sich nicht so leicht unterkriegen ließ. Eigentlich ließ er sich von seiner Mutter gern in den Schlaf wiegen. Mama war so wolligwarm und kuschelig. Ihr zotteliges Fell kitzelte Puschel in der Nase und sie roch so gut – nach Mama eben. Doch heute war alles anders. Heute war Puschel hellwach. „Ich bin noch gar nicht müde, Mama!", sagte er. „Das sagst du jeden Abend", antwortete seine Mutter. „Aber heute stimmt es wirklich!" Puschel riss die Augen weit auf, um zu zeigen, wie wach er war. Doch seine Mutter schüttelte den Kopf. „Von früh bis spät hast du den Hütehund geärgert und ihm dann so am Schwanz gezogen, dass ich dich in Sicherheit bringen musste." Puschel schnaufte. „Ach, mit dem blöden Ajax wäre ich sicher auch alleine fertig geworden." – „So, so", sagte Puschels Mutter, „jedenfalls musst du nach all der Aufregung doch müde sein." – „Nein! Guck mal, wie wach

ich bin", sagte Puschel und schlug einen Purzelbaum. Seine Mutter seufzte. „Wenn du jetzt nicht schläfst, wirst du morgen den langen Weg über den Deich nicht schaffen. Und ich muss dich wieder tragen." Jetzt war Puschel gekränkt. „Ich hatte mir bloß die Pfote verstaucht. Ich bin doch kein Baby mehr!" – „Ist ja gut", sagte Puschels Mutter. „Aber nun schlaf schön, mein Lämmchen." – „Ja, Mama", sagte Puschel und machte brav die Augen zu.

Dann wisperte Puschel: „Und wenn der Fuchs kommt?" – „Der Hütehund passt doch auf uns auf", sagte seine Mutter. „Und wenn Ajax einschläft?" – „Dann passt der Schäfer auf." – „Und wenn der Schäfer einschläft?" – „Dann passe ich auf dich auf! Und nun sei still, du kleines Schaf." Puschel gab sich wirklich Mühe mit dem Einschlafen, aber je mehr er es versuchte, umso munterer wurde er. „Es geht nicht, Mama!" Puschels Mutter seufzte. „Versuch doch mal, Schafe zu zählen. Das hilft, wenn man nicht einschlafen kann. Stell dir vor, wie alle Schafe unserer Herde nacheinander über das Gatter am Deich springen. Zuerst springt Lena, dann Lisa, dann Lothar und so weiter."

Also gut. Wieder schloss Puschel die Augen und ließ in Gedanken all seine Freunde über das Gatter springen. Das war so lustig, dass er immer wieder lachen musste. Aber müde wurde man davon nicht. „Mama, Lili ist noch zu klein, um über das Gatter zu springen, was nun?" Puschels Mutter stöhnte. „Komm, ich erzähle dir eine Geschichte." – „Au ja." Mama erzählte die Geschichte vom schwarzen Schaf auf Wanderschaft. Die hatte Puschel am liebsten. Und weil er die Geschichte in- und auswendig kannte, merkte er erst gar nicht, dass die Stimme seiner Mutter immer leiser wurde. Als die Stelle kam, in der das schwarze Schaf den Angriff des Habichts erwartet, war seine Mutter plötzlich ganz still, das heißt nicht ganz – Mama schnarchte leise. Erstaunt betrachtete Puschel seine schlafende Mutter.

Warum war sie denn so müde? Puschel hörte auf ihre tiefen Atemzüge: Hrrch-püh-hrrch-püh-hrrch-püh. Ganz langsam fielen nun auch Puschels Augen zu. Er träumte, dass er mit der ganzen Herde über das große Gatter am Deich sprang. Und die kleine Lili kroch einfach untendurch.

Gedichte für die ganze Familie

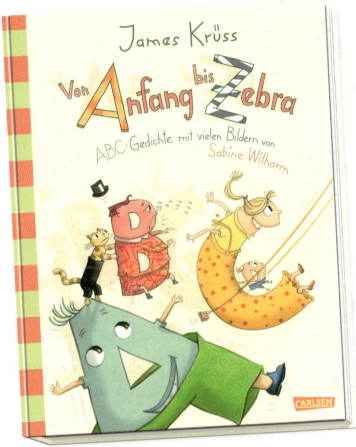

»Kinder, könnt ihr buchstabieren?
Dann hört zu und spitzt das Ohr;
Denn wir führen, denn wir führen
Euch das R jetzt richtig vor.«

James Krüss
Von Anfang bis Zebra Abc Gedichte
128 Seiten, gebunden
Illustrationen von Sabine Wilharm
ISBN: 978-3-551-55579-3

Und nicht nur das R, jeder einzelne Buchstabe des Alphabets bekommt in dieser Sammlung seinen eigenen Auftritt. Vom »Bäcker Bruno Bindeballe, (der) brutzelt, brät und backt« bis zum »rosaroten Wolkenboot« geht die Reise durchs ABC, begleitet auf jeder Seite von Sabine Wilharms wunderschönen farbigen Illustrationen.

Krüss' frisches Spiel mit Worten begeistert stets aufs Neue – niemand jongliert so mühelos mit dem Alphabet wie dieser Sprachkünstler.